Erik-Ernst Schwabach

Paul Gauguin: Vorher und Nachher

Verlag
der
Wissenschaften

Erik-Ernst Schwabach

Paul Gauguin: Vorher und Nachher

ISBN/EAN: 9783957003836

Auflage: 1

Erscheinungsjahr: 2015

Erscheinungsort: Norderstedt, Deutschland

Hergestellt in Europa, USA, Kanada, Australien, Japan
Verlag der Wissenschaften in Hansebooks GmbH, Norderstedt

Cover: Paul Gauguin: "Vincent van Gogh, Sonnenblumen malend"

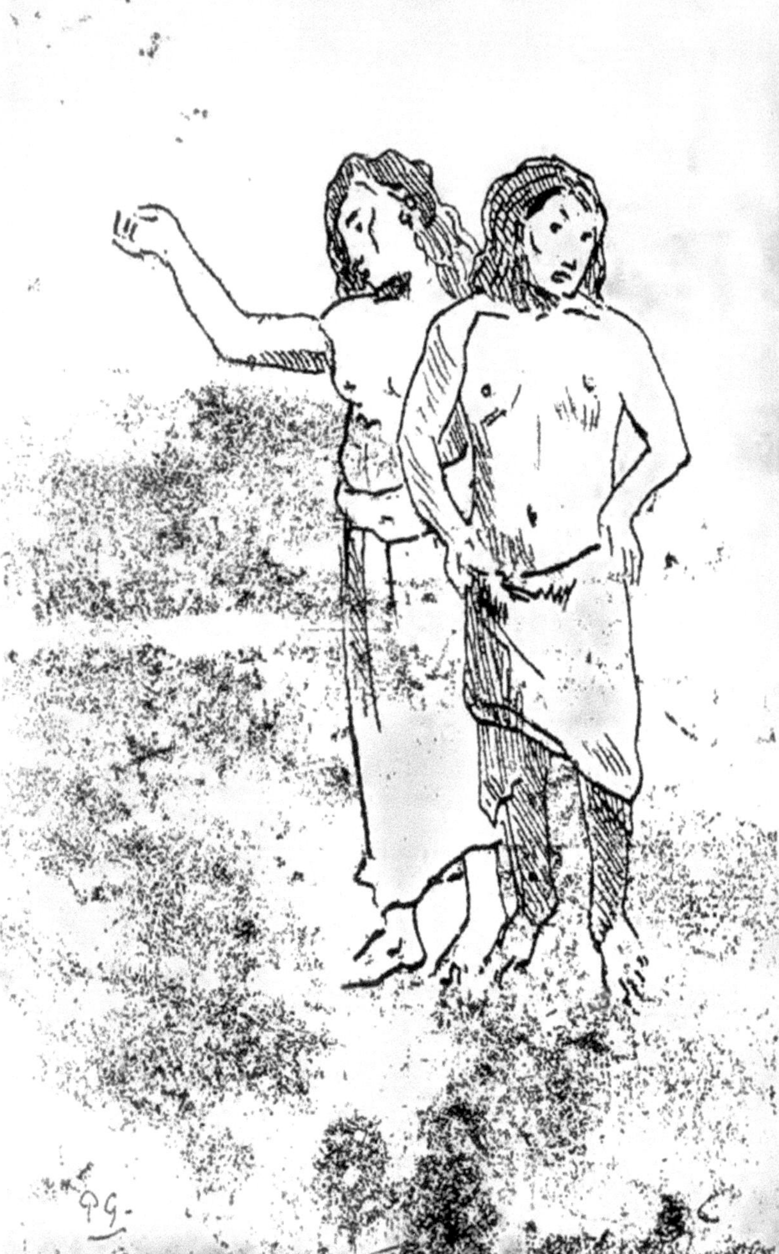

PAUL GAUGUIN

VORHER
UND NACHHER

*

Aus dem
Manuskript übertragen von
Erik-Ernst Schwabach

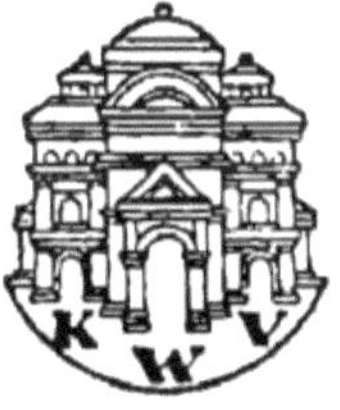

1 * 9 * 2 * 0

KURT WOLFF VERLAG / MÜNCHEN

VORWORT

UNGERN nur entschließe ich mich, diesem Marquesischen Tagebuch Paul Gauguins ein Vorwort voran-
zuschicken, und beabsichtige auch keineswegs, mit dem
üblichen Pathos auf seinen Wert, seinen Esprit und Charme
hinzuweisen. Weil es wertvoll, witzig und reizvoll ist, über-
trug und veröffentliche ich dieses Buch, das für sich selber
sprechen wird.

Auf das Folgende aber sei besonders hingewiesen:
Nicht nur muß der Leser immer wieder an Gauguins
ständig wiederkehrenden Satz: „Ceci n'est pas un livre"
sich bei der Lektüre erinnern, er muß wissen, daß
dieses dem Nachlaß entstammende Manuskript (falls
der Autor an seine Veröffentlichung überhaupt dachte)
im vorliegenden Zustand nicht „druckfertig", das heißt
nicht überarbeitet, abgerundet, gefeilt war. Der Über-
setzer aber fühlte sich nicht berechtigt, in dieser Hinsicht
den Autor zu verbessern. Und da er bemüht war, die
Übertragung so wort- und stilgetreu wie nur irgend
möglich zu fassen, glättete er auch im deutschen Text
jene Stellen nicht, die, ebenso wie im Original, seinem
eignen Ohre oft uneben genug klangen.

Der Plan, dem Tagebuche einen Kommentar beizu-
fügen, wurde erwogen. Bei der Fülle des Materials indessen
(wo anfangen, wo aufhören?) wäre es ein allzu großer

Ballast geworden, und wäre letzten Endes doch unvollständig geblieben. Denn es wäre nicht gelungen, jene unverständlichen Ausführungen, Anspielungen und Witze zu erläutern, für die mir auch mit dem Gauguinkreise wohlbekannte Personen keine Erklärung zu geben vermochten.

Endlich habe ich das Bedürfnis, in aller Öffentlichkeit für die hilfsbereite Unterstützung, die meine Arbeit von vielen Seiten erfuhr, zu danken. An erster Stelle danke ich Augustus Schmehl.

Schloß Märzdorf, August 1920

ERIK-ERNST SCHWABACH

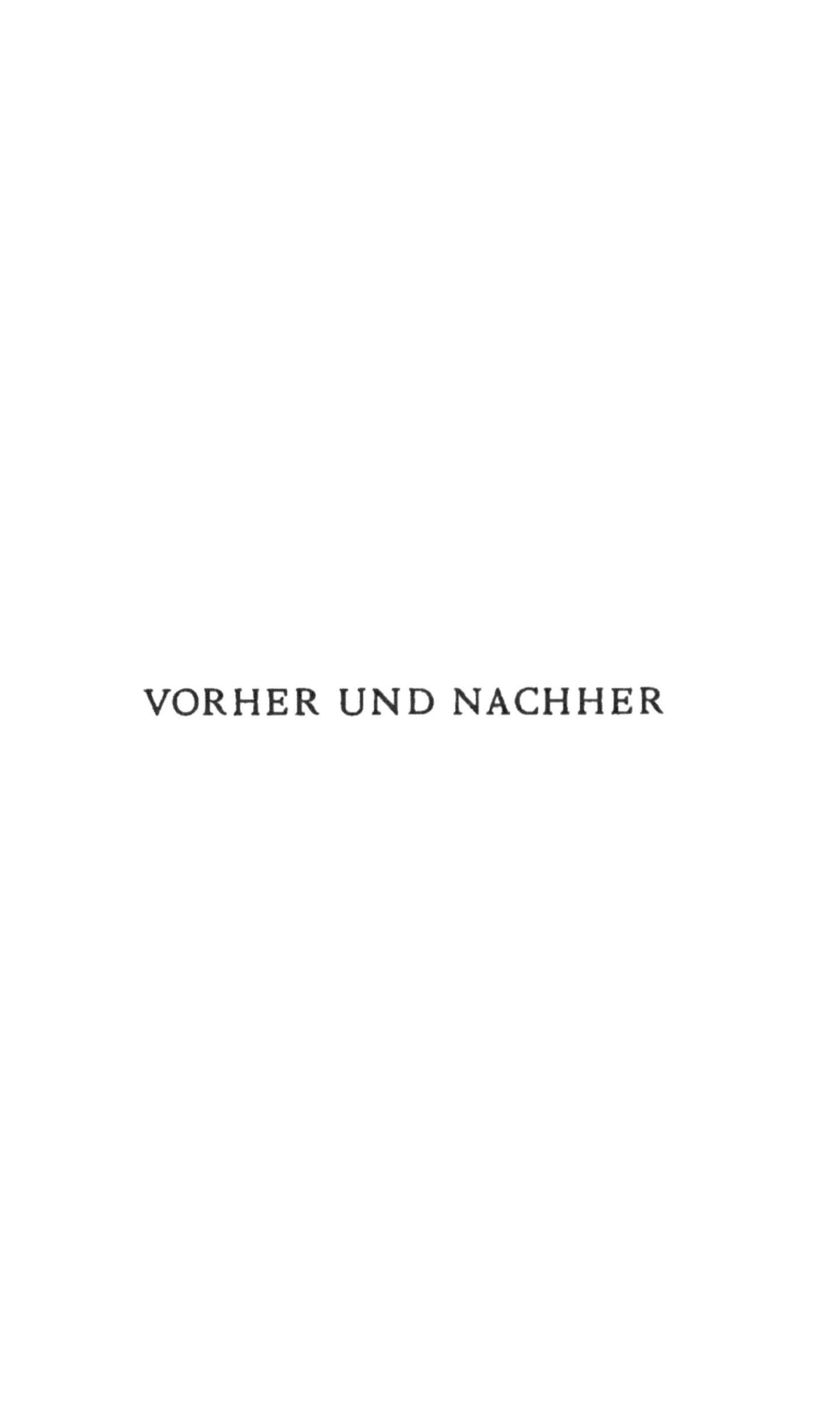

VORHER UND NACHHER

AUF DEN MARQUESAS
1903

ZUM WEINEN   ZUM LACHEN

ZUM STERBEN   ZUM LEBEN

ZUM LEIDEN   ZUR FREUDE

IN SECULA SECULORUM

HERRN FONTAINAS WIDME ICH ALLES DIES, ALLES DAS
GEREIFT IN UNBEWUSSTEM GEFÜHL, GEBOREN IN EINSAMKEIT
UND WILDNIS,
ERZÄHLT VON EINEM UNARTIGEN, ABER MITUNTER NACHDENK-
LICHEN KINDE;
UND DOCH IN DIE SCHÖNHEIT VERLIEBT.
DAS PERSÖNLICH SCHÖNE IST DAS EINZIG MENSCHLICHE.

PAUL GAUGUIN

DIES ist kein Buch. — Ein Buch, ein schlechtes Buch selbst, ist eine große Sache. Irgendeine Wendung, ausgezeichnet im vierten Kapitel, wäre unpassend im zweiten. Nicht jeder ist vom Handwerk.

Ein Roman?! Wo fängt er an, wo hört er auf? Der geistvolle Camille Mauclair gibt ihm die endgültige Formel. Vortrefflich! Bis zu seiner Zeit ein neuer Mauclair erscheint und uns eine neue Formel verkündet.

Wie denn? Genügt die Wirklichkeit nicht, um über sie zu schreiben? — Und schließlich ändert man sich auch. Früher haßte ich Georges Sand; nun macht Georges Ohnet sie mir beinahe erträglich. In Emile Zolas Romanen sprechen die Wäscherinnen und Portierfrauen ein Französisch, das mich wenig begeistert. Haben sie zu sprechen aufgehört, fährt der ahnungslose Zola in demselben Ton und demselben Französisch fort.

Ich möchte es nicht tadeln. Ich bin nicht vom Handwerk. Ich möchte schreiben, wie ich meine Bilder male. Heißt: Nach Lust und Stimmung und den Titel erst lange hinterher finden.

Memoiren?! Sie sind Geschichte, sind Daten. Alles in ihnen ist interessant. Nur der Autor nicht. Man muß auch sagen, wer man ist, von wannen man kommt. Muß beichten. Das ist eine große Sache nach J. Jacques Rousseau. Erzählte ich euch, daß ich mütterlicherseits von einem Borgia von Aragon, Vizekönig in Peru, abstamme, ihr glaubtet mir nicht und würdet mich anmaßend schelten. Erzählte ich aber, daß diese Familie eine Familie von Kloakenreinigern ist, ich erntete Verachtung.

Erzählte ich euch, daß sie vom Vater her alle Gauguin hießen, ihr nenntet mich völlig naiv. Bespräche ich diesen Fall zum Beweis, daß ich kein Bastard bin, würdet ihr skeptisch lächeln.

Das Beste wäre zu schweigen. Aber es ist bitter, schweigen zu müssen, wenn einem die Lust zum Reden kommt.

Die einen haben ein Ziel im Leben, die anderen haben keins. Seit langem predigt man mir Tugend. Ich kenne sie, aber ich liebe sie nicht.

> Das Leben ist Bruchteil kaum einer Sekunde.
> Wie in so kurzer Zeit sich Ewigkeit bereiten?!!

Ich wollte, ich wäre ein Schwein. Nur der Mensch kann lächerlich werden.

Ehemals brüllten die großen Raubtiere. Heute sind sie ausgestopft. Gestern waren wir im 19. Jahrhundert, heute leben wir im 20., und ich versichere euch, weder ihr noch ich werden das 21. erleben. Zum Ausgleich vor lauter Leben träumt man Rache und muß mit dem Traum sich begnügen. — Aber der Traum flog fort, — die Taube auch. Spielereien das.

Ich gehöre nicht zu denen, die trotzdem auf das Leben schimpfen. Man hat gelitten, aber auch genossen; und —

war es so wenig noch — daran erinnern wir uns. Ich liebe die Philosophen. Freilich nicht allzusehr, wenn sie mich langweilen und pedantisch sind. — Ich liebe auch die Frauen, wenn sie rund und lasterhaft sind; mich stört es, wenn sie Geist haben, diesen Geist, der mir zu geistreich ist. — Ich habe mir immer eine dicke Mätresse gewünscht und nie eine gefunden. Mir zum Schabernack sind sie immer flach.

Darum darf man nicht sagen, daß ich keinen Sinn für die Schönheit hätte; aber meine Sinne wollen sie nicht. Man sieht: Ich kenne die Liebe nicht, und ich müßte mir für die Worte: „ich liebe Dich" alle Zähne zerbrechen. Versteht ihr nun, daß ich kein Dichter bin? Ein Dichter ohne Liebe!! Die schlauen Frauen erraten es: deshalb mißfalle ich ihnen.

Ich beklage es nicht und sage wie Jesus: „Fleisch ist Fleisch und Geist ist Geist." Dank dieser Erkenntnis befriedige ich mein Fleisch um einiges Geld, und mein Geist bleibt ruhig.

So bin ich dem Publikum als ein jeder Empfindung bares Vieh vorgestellt. Unfähig, seine Seele um ein Gretchen zu verkaufen. Ich war nicht Werther, werde Faust nicht sein. — Wer weiß? Vielleicht sind Luetiker und Alkoholiker die Männer der Zukunft. Mir scheint, als wandelte sich die Moral gleich den Wissenschaften und allem übrigen in eine ganz neue Moral, die der heutigen grade entgegengesetzt ist. Mir scheint immer, als ob Ehe, Familie und all die anderen schönen Dinge, mit denen man mir in den Ohren liegt, mit Schnellzugsgeschwindigkeit abdampften.

Der Beischlaf ist eine große Sache.

In der Ehe ist der Liebhaber von den beiden der größere
Hahnrei, wie es in einem Stück des Palais Royal heißt:
„der Glücklichste im Dreieck".

In Port Said hatte ich mir einige Photographien gekauft:
die Sünde begangen – ab ores. Ich befestigte sie ohne
Umschweife in meinem Alkoven. Männer, Frauen,
Kinder, jeder fast lachte darüber. Es war ein Augenblick,
und hernach dachte kein Mensch mehr daran. Nur die
sogenannten anständigen Leute kamen nicht mehr zu mir,
und nur sie dachten das ganze Jahr daran.

Der Herr Beichtvater ließ sich verschiedentlich unterrichten. Einige Schwestern selbst wurden blässer und
blässer, mit Ringen unter den Augen.

Nehmt es euch zu Herzen und nagelt eine Unanständigkeit sichtbar an eure Tür: Von Stund an werdet ihr
die anständigen Leute los sein, die unausstehlichsten auf
Gottes weiter Welt.

Im Hause des alten Thiers. – Eines Abends warf die
Menge die Scheiben ein. – Der alte Thiers erleuchtete
nach Möglichkeit ein Fenster und zeigte seinen Hintern.
Die Menge war baff und wagte es nicht, einen Stein in
den Hintern zu werfen. Übrigens kann man mit Narren
nicht verhandeln. Bleibt nur, ihnen zu sagen: „Leckt
mich im A . . . ."

Ich weiß es, jeder weiß es, jeder wird es wissen: zwei mal zwei = vier. Wie weit ist es von der Konvention, der Intuition bis zum Verständnis. Ich füge mich und wie alle Welt sage ich: zwei mal zwei = vier ..., aber ... es langweilt mich und stört meine Überlegungen oft. Zum Beispiel: Ihr, die ihr es als unumstößliche Tatsache annehmt, daß zwei mal zwei = vier ist, warum glaubt ihr, daß Gott der Schöpfer aller Dinge sei? — Wär' es einen Augenblick nur so! Hätte es Gott nicht anders machen können?

Komische Allmacht!

Dies alles, um über die Pedanten zu reden. Wir wissen, und wir wissen nicht.

Herrn Berthelot empört Christi heiliges Schweißtuch, und vielleicht hat er als weiser Chemiker recht. Wäre er aber Papst ... Sagen Sie, reizender Berthelot, was täten Sie, wären Sie Papst, ein Mann, dem man die Füße küßt. Tausende von Narren erbitten den Segen jeden Betruges. Ist man Papst, muß als Papst man seine Getreuen segnen und befriedigen. Nicht jeder ist Chemiker. Ich selbst verstehe nichts davon und hätte ich jemals Hämorrhoiden, ich gäbe wer weiß was darum, ein Stück dieses heiligen Schweißtuches zu bekommen, um es mir, von seiner Heilkraft durchdrungen, wohin zu stopfen.

Dies ist kein Buch.

Im übrigen muß mangels ernsthafter Leser der Autor ernsthaft sein.

Ich habe Kokosnußpalmen, Bananenbäume vor mir, alles ist grün. Um Signac eine Freude zu machen, will ich berichten, daß sich im Grün kleine, rote Tupfen (die Komplementärfarbe) verteilen. Trotzdem bezeuge ich, (und dies wieder wird Signac ärgern), daß man in all dem Grün große, blaue Farbflecke sieht. Um Irrtümern vorzubeugen: Es ist nicht das Blau des Himmels, es sind nur die fernen Berge. Was soll ich all diesen Kokosnußbäumen erzählen? Und habe doch Lust zu schwatzen; so schreibe ich anstatt zu reden.

Sieh! Da geht die kleine Vaitauni zum Fluß: Ich kenne sie von jener Hornsubstanz her, die den Vorhof füllte. Dieser Zwitter ist nicht wie die anderen, und es kitzelt einen, fühlt man müder Wanderer sich ohne Kraft. Sie hat die rundesten und reizendsten Brüste, die ihr euch nur denken könnt. So sehe ich diesen goldenen Körper fast nackt zum kühlen Wasser eilen. Hüte dich, liebe Kleine. Der haarige Gendarm, der Tugendwächter, aber heimliche Faun, lauert dir auf. Hat er sich satt gesehen, wird er dir ein Strafmandat schicken, um sich dafür zu rächen, daß du seine Sinne verwirrt und so öffentliches Ärgernis erregt hast. – Öffentliches Ärgernis – Phrase das!

Ach, ihr guten Großstädter, ihr ahnt nicht, was ein Gendarm in den Kolonien ist. Kommt, seht ihn euch an, und ihr werdet einen Haufen Unflat finden, von dem ihr euch keine Vorstellung macht.

Aber nun ich die kleine Vaitauni sah und an ihr horniges Fließ dachte, fühle ich meine Sinne sich verirren, und ich tummle mich im Fluß. Wir lachten beide ohne Weinblatt und . . . . . .

Dies ist kein Buch.

Erlauben Sie mir, Ihnen etwas aus der Vergangenheit zu erzählen, auf daß ich mit dem Titel: „Vorher und Nachher" einig gehe.

Wie Sie sich wohl erinnern, hielt sich der General Boulanger in Jersey verborgen. Zu ebendieser Zeit — es war im Winter — arbeitete ich in Poul an der Grenze des Finistère an der einsamen Küste, fern, sehr fern von den Hütten.

Kam ein Gendarm, der den Befehl hatte, die Küste zu bewachen, um eine sogenannte Landung des als Fischer verkleideten Generals Boulanger zu verhindern.

Ich wurde mit Schlauheit vernommen, derart bis in den letzten Winkel meiner Seele durchstöbert, daß ich höchst eingeschüchtert ausrief: „Halten Sie mich am Ende für den General Boulanger?"

Er: „Es ist alles schon dagewesen."

Ich: „Haben Sie sein Signalement?"

Er: „Sein Signalement? Von hinten, und da Sie mich mit falschen Angaben veräppeln, werde ich Sie infolgedessen beim A . . . . kriegen."

Ich: „Ich mußte zur Vernehmung nach Quimperlé und alsbald bewies mir der Wachtmeister, daß ich, da ich der General Boulanger nicht wäre, auch keinesfalls befugt sei, mich als General auszugeben und einen Gendarmen im Dienst zum Narren zu halten.

„Was denn? Ich gebe mich als General aus?"

„Das können Sie wohl nicht abstreiten," erklärte der Wachtmeister, „wo der Gendarm Sie für Boulanger hielt."

Ich war nicht erstaunt sondern voll Bewunderung für
die große Klugheit. Das sieht so aus, als wollte ich sagen,
daß man leichter von Dummköpfen hereingelegt wird.
Ich möchte nicht den Vorwurf hören, daß ich Lafontaine
wiederhole, wenn er von ungeschicktem Lob redet. Ich
meine etwas andres. Ich bemerkte, als ich diente, den
Ärger der Unteroffiziere, ja sogar einiger Offiziere, sprach
man französisch mit ihnen. Zweifelsohne meinten sie,
daß das eine Sprache wäre, die man um zu spotten oder
um zu demütigen spräche.

Dies beweist, daß, will man in Gesellschaft leben, man
sich vor den kleinen Leuten durchaus in acht nehmen
muß. Man braucht oft Unbedeutendere als sich! Unsinn! Häufig, muß man sagen, hat man diese Unbe-
deutenderen zu fürchten. Im Vorzimmer kommt der
Lakai vor dem Minister. Ein durch einen wohlgeborenen
Herrn empfohlener junger Mann bewarb sich bei einem
Minister um eine Stellung und wurde auf die beste Weise
hinauskomplimentiert. Sein Schuhmacher war der Schuhmacher des Ministers. Nichts wurde ihm abgeschlagen.

Wenn eine Frau genießt, genieße ich doppelt.
Die Zensur: Pornographie.
Der Autor: Hypokritograph.
D.: „Kannst Du Griechisch?"

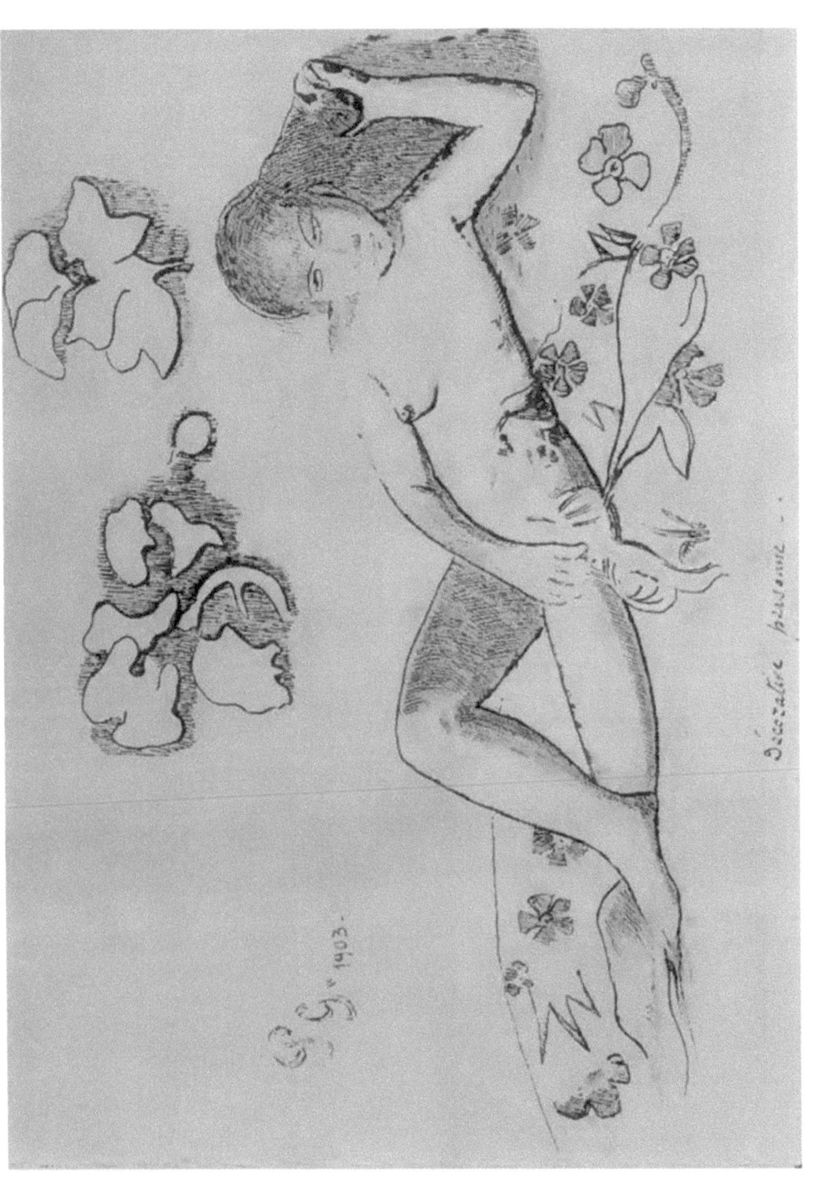

R.: „Wozu? Ich brauche nur Pierre Louys zu lesen.“
Aber Pierre Louys schreibt doch gutes Französisch . . . . .
Grade darum kann er Griechisch. Aber die Sitten . . . . . .
Das wiegt die jesuitischen Schriften auf.
Digitus tertius, digitus diaboli.
Sind wir, zum Teufel, Hähne oder Kapaunen, und sollen
wir zur künstlichen Brut kommen? Spiritus sanctus —
Hierzulande fängt die Ehe an zu gefallen: Im übrigen
ist sie eine Regulierung. Exportierte Christen verbeißen
sich auf dieses merkwürdige Werk.
Der Gendarm ist Standesbeamter. Zwei zur Ehe be-
kehrte Paare hören neu eingekleidet die Verlesung der
Ehegesetze an, und wenn sie: „Ja“ gesagt haben, sind sie
verheiratet.
Am Ausgang sagt ein Mann zum anderen: „Wie wär's,
wenn wir tauschten?“ Und höchst vergnügt zog jeder
mit einer neuen Frau ab und begab sich zur Kirche, von
der herab die Glocken die Luft beschwingten. Seine
Hochehrwürden donnert mit der den Missionaren eigentümlichen Beredsamkeit gegen den Ehebruch und segnet
die neue Ehe, die schon an diesem heiligen Orte mit dem
Ehebruch anfing.
Ein andermal sagte nach der Kirche der Ehemann zur
Brautjungfer: „Wie schön du bist“, und zum Braut-
führer die Ehefrau: „Was bist du schön.“ Eins, zwei,
drei schlug sich ein neues Paar nach rechts, ein Paar nach
links in das Dickicht unter den Schutz der Bananenbäume, wo vor Gott dem Allmächtigen zwei Hochzeiten

statt einer gefeiert wurden. Hochehrwürden sind zufrieden und sagen: Wir zivilisieren.

Auf einer kleinen Insel, deren Namen und Lage ich vergessen habe, übt der Bischof sein Handwerk christlicher Moralisierung aus. Ein strammer Kerl heißt es. Trotz Abtötung von Herz und Sinnen liebt er ein Schulmädchen väterlich und rein. Leider mischt sich mitunter der Teufel in Dinge, die ihn nichts angehen, und eines schönen Tages sieht unser Bischof, der im Walde sich ergeht, sein geliebtes Kind, das nackt im Fluß sein Hemdchen wäscht.

> Therese wusch im Wässerlein
> Ihr Jungfern-Hemd von Flecken rein,
> Wie sie die Krankheit bringt, die jährlich
> Zwölfmal den Mädchen wird beschwerlich.

Sieh da, sagte er sich, sie ist so weit.

Ich glaub' es, daß sie so weit war: Frage lieber die fünfzehn strammen Jungen, die am Abend Einweihung feierten. Beim sechzehnten hatte sie keine Lust mehr.

Das anbetungswürdige Kind wurde an einen Kirchendiener verheiratet, der im Bezirk wohnte.

Hurtig und sauber fegte sie Hochwürdens Stube aus, ordnete die Parfüms; der Mann hielt beim Gottesdienst das Licht.

Wie schlecht die Welt ist ... die bösen Mäuler klatschten. Zu Unrecht sicher. Und ich war tief davon überzeugt, bis eines Tages mir eine erzkatholische Frau erklärte:

„Siehst du", (und zu gleicher Zeit leerte sie, ohne mit der Wimper zu zucken, ein Glas Rum), „siehst du, mein Kleiner, das ist alles Unsinn. Hochwürden schläft nicht bei Therese — er nimmt ihr nur die Beichte ab, um ihre Leidenschaft zu kühlen."

Therese ist Bohnenkönigin. — Bemüht euch nicht, es zu verstehen. Ich will es euch erklären.

Am Dreikönigstage hatten Hochwürden beim Chinesen einen köstlichen Kuchen backen lassen. In dem Stück, das Therese zugefallen war, befand sich eine Bohne, und so war sie Königin, während Hochwürden König war. Von diesem Tage an blieb Therese Königin und der Kirchendiener Prinzgemahl. — Calchas, du weißt wohl warum.

Aber die berühmte Bohne, o weh, wurde alt, und unser durchtriebener Bruder fand einige Kilometer weiter eine neue Bohne.

Denkt euch: Eine chinesische Bohne, mollig durch und durch. — Ich würde sie essen.

Und du Maler, der du galante Motive suchst, greif zum Pinsel und verewige dieses Bild:

Ein Schweißfuchs, bischöflich geschirrt — unser strammer Bruder fest im Sattel und seine Bohne, deren Rundungen vorn und hinten einen päpstlichen Sänger auferstehen lassen möchten. — Noch eine, deren Hemd ... Ihr wißt Bescheid ... Unnötig zu wiederholen. — Viermal stiegen sie vom Pferd ... die ganze Ebene war in Brunst.

Die Klosterkasse ward um 10 Piaster erleichtert.

Ich klatsche viel — aber . . .

Dies ist kein Buch.

SEIT langem schon habe ich Lust, über Van Gogh zu schreiben, und eines schönen Tages, bin ich erst richtig im Zuge, werde ich es gewißlich tun. Im Augenblick will ich über ihn (besser noch über uns) einiges erzählen, was einen in gewissen Kreisen verbreiteten Irrtum beseitigen soll. Durch Zufall sicherlich sind während meines Lebens mehrere Männer, die mit mir verkehrt und diskutiert haben, wahnsinnig geworden.

Die beiden Brüder Van Gogh gehören zu diesen und einige Leute haben mir böswillig oder aus Naivität die Schuld daran gegeben. Sicherlich kann man mehr oder weniger Einfluß auf seine Freunde haben, aber von da bis zum Wahnsinnigmachen ist es ein weiter Weg. Lange nach der Katastrophe schrieb mir Vincent aus dem Irrenhause, in dem er in Pflege war. Er teilte mir mit: „Wie glücklich sind Sie, in Paris zu leben. Da finden Sie ja auch Autoritäten, und gewißlich sollten Sie einen Spezialisten konsultieren, um sich von Ihrem Wahnsinn zu heilen. Sind wir nicht alle wahnsinnig?" Der Rat war gut. Darum befolgte ich ihn nicht. Aus Widerspruchsgeist wahrscheinlich.

Die Leser des „Mercure" konnten aus einem vor einigen Jahren veröffentlichten Briefe Vincents entnehmen, wie sehr er darauf bestand, mich nach Arles kommen zu lassen, um, wie er beabsichtigte, ein Atelier zu gründen, das ich leiten sollte.

Derzeit arbeitete ich in Pont-Aven in der Bretagne und, mochten nun angefangene Studien an diesen Ort mich fesseln, mochte ich in dumpfer Voraussicht etwas Anormales ahnen, ich weigerte mich lange. Bis ich eines schönen Tages, besiegt durch Vincents aufrichtiges freundschaftliches Drängen, mich auf den Weg machte.

Ich erreichte Arles spät in der Nacht und erwartete das Morgengrauen in einem Nachtcafé. Der Wirt betrachtete mich und rief: „Ach, Sie sind der Freund, ich erkenne Sie."

Ein Selbstbildnis, das ich Vincent gesandt hatte, erklärte hinlänglich den Ausruf des Wirtes. Vincent hatte ihm das Bild gezeigt und ihm erklärt, daß es einen Freund darstelle, der bald eintreffen müßte.

Weder zu früh noch zu spät ging ich, Vincent zu wecken. Der Tag wurde meiner Einrichtung und vielem Geschwätz gewidmet. Folgte ein Spaziergang, um die Schönheiten Arles und der Arlesierinnen bewundern zu können, für die ich mich (nebenbei bemerkt) nie habe begeistern können.

Am nächsten Tag schon arbeiteten wir. Er fuhr fort, ich fing an. Ich muß gestehen, daß ich nie diese geistige Leichtigkeit besaß, die die anderen mühelos auf ihrer Pinselspitze sitzen haben. Die steigen aus der Eisenbahn, greifen zur Palette und legen mir nichts, dir nichts einen

Sonneneffekt hin. Sowie die Farbe trocken ist, geht's zum Luxembourg und ist Carolus Duran signiert.

Das Bild bewundere ich nicht, aber ich bewundere den Menschen.

So sicher und ruhig ist er.

So unsicher, so unruhig ich.

Ich brauche in jedem Land eine Incubationszeit, um jedesmal das Wesen der Pflanzen, Bäume, kurz der ganzen Natur kennenzulernen, die so verschieden und kapriziös ist, sich nie erraten lassen, nie hingeben will.

So verstrichen etliche Wochen, bis ich die herbe Kraft Arles und seiner Umgebung völlig begriff. Trotzdem arbeiteten wir kräftig, hauptsächlich Vincent. Zwischen uns beiden — Vulkan der eine, kochend auch, aber innerlich, der andere — bereitete sich eine Art Kampf vor.

Gleich anfangs fand ich überall und in allem eine Unordnung, die mich entsetzte. Kaum reichte der Malkasten für all die zerquetschten, nie verschlossenen Tuben aus. Und trotz dieser Unordnung, dieses Durcheinanders, strahlte ein Ganzes gelbrötlich auf der Leinewand und in seinen Reden. Daudet, De Goncourt, die Bibel verzehrten dieses holländische Gehirn. Quais, Brücken, Schiffe in Arles, der ganze Süden, alles wurde ihm Holland. Er verlernte sogar holländisch zu schreiben, und — wie man aus dem veröffentlichten Briefwechsel mit seinem Bruder entnehmen kann — schrieb er nur französisch und tat es bewunderungswürdig mit unendlich vielen „Tant que"s und „quant à"s.

Trotz all meiner Anstrengungen, aus diesem wirren Kopf Logik in seinen kritischen Ansichten herauszuschälen, konnte ich mir nie die Widersprüche zwischen seiner Malerei und seiner Meinung erklären. So, zum Beispiel, bewunderte er grenzenlos Meissonier und haßte Ingres tief. Degas brachte ihn zur Verzweiflung und Cézanne war nur ein Kitschier. Er weinte, wenn er an Monticelli dachte.

Er war wütend darüber, mir große Klugheit zugestehen zu müssen, während ich eine zu niedrige Stirn, Zeichen der Dummheit, hatte. Bei alledem war er von großer Zärtlichkeit, ja von biblischem Altruismus.

Schon im ersten Monat bemerkte ich, wie in unsere gemeinsamen Finanzen dieselbe Unordnung einriß. Was tun? Die Situation erforderte Takt. Die Kasse war durch seinen im Hause Goupil angestellten Bruder bescheiden gefüllt worden; für meinen Teil als Vorschuß für zu liefernde Bilder. Es blieb nichts anderes übrig, als sich auszusprechen auf die Gefahr hin, auf eine sehr große Empfindlichkeit zu stoßen. So trat ich mit großer Vorsicht und mir herzlich wenig liegender Schmeichelei an die Frage heran. Ich muß gestehen, daß es mir leichter gelang, als ich angenommen hatte.

In einen Kasten taten wir soundso viel für nächtliche und hygienische Spaziergänge, soundso viel für Tabak, soundso viel für unvorhergesehene Ausgaben einschließlich der Miete. Papier und Bleistift dazu, um ehrlich zu verzeichnen, wieviel jeder aus dieser Kasse nahm. In

einen anderen Kasten wurde das übrige Geld getan und
in vier Teile für das Essen in jeder Woche geteilt. Wir
gaben unser kleines Restaurant auf, und ich führte mit
Hilfe eines kleinen Gaskochers die Küche, während Vincent, ohne darum weit von Haus sich entfernen zu
müssen, die Einkäufe besorgte. Immerhin wollte Vincent
einmal Suppe kochen, aber ich weiß nicht, wie er sie zu-
sammenmischte (vermutlich wie die Farben auf seinen
Bildern) genug, sie war ungenießbar. Mein Vincent lachte
wie toll und rief: „Tarascon. La casquette au père Daudet".
Auf die Mauer schrieb er mit Kreide:

Ich bin der heilige Geist,
Ich bin geistig heil.

Wie lange waren wir zusammen? Ich kann es nicht sagen,
da ich es völlig vergessen habe. Trotz der Schnelligkeit,
mit der die Katastrophe nahte, trotz des Arbeitsfiebers,
das mich ergriffen hatte, erschien mir diese ganze Zeit
wie eine Ewigkeit.
Ohne daß es das Publikum ahnt, haben zwei Männer hier
eine gewaltige für sie beide wichtige Arbeit geleistet. Vielleicht für andere? Gewisse Dinge tragen ihre Früchte.
Als ich nach Arles kam, stak Vincent völlig in der neo-
impressionistischen Schule, war gehörig unsicher und litt
darunter. Nicht weil diese Schule, wie eben alle Schulen,
nichts getaugt hätte, sondern weil sie nicht zu seinem so
ungeduldigen und unabhängigen Naturell paßte.
Er kam mit all diesem Gelb auf Violett, all dieser Arbeit
mit Komplementärfarben (einer Arbeit, die er ungezügelt

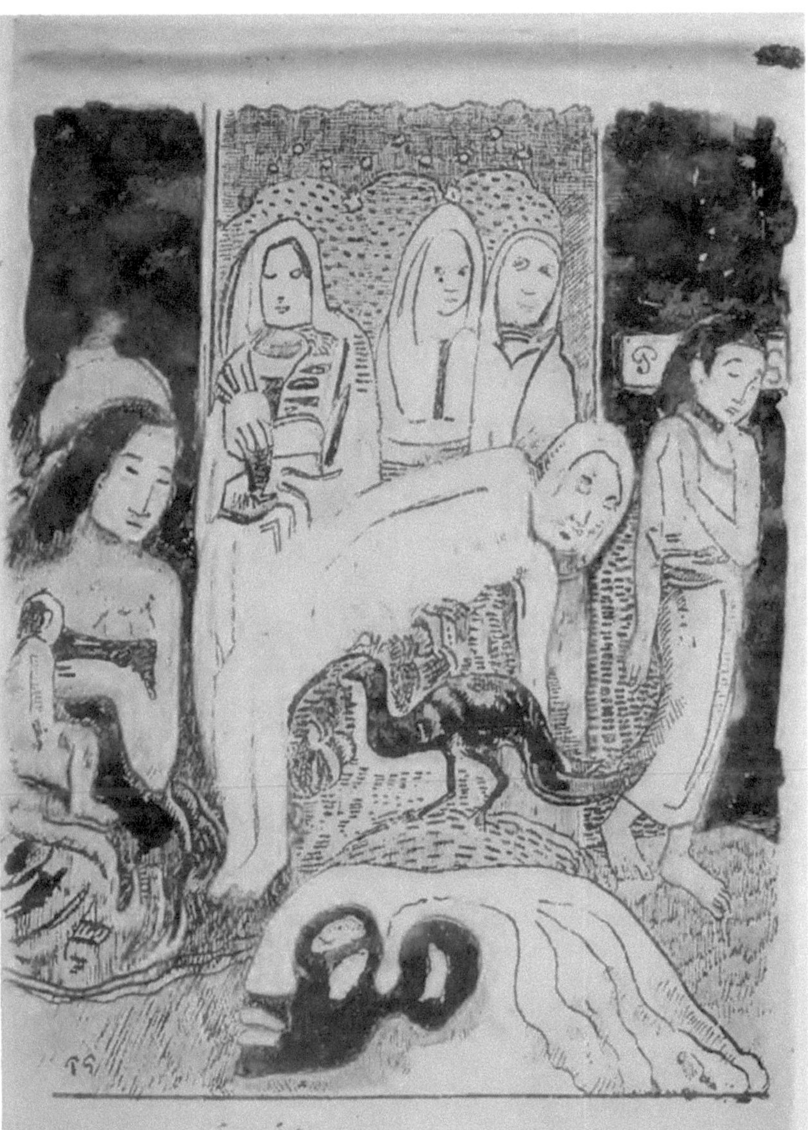

ausführte), nur zu süßen, unvollständigen und monotonen Harmonien. Die Fanfare fehlte.

Ich übernahm es ihn aufzuklären, was mir leicht fiel; denn ich fand reichen und fruchtbaren Boden. Wie alle originellen Persönlichkeiten mit eigener Note fürchtete Vincent den Nachbarn nicht und zeigte keinen Eigensinn.

Mein Van Gogh machte von Tag an erstaunliche Fortschritte. Er schien sein ganzes Inneres zu erraten, und schuf aus sich heraus diese Serie von Bildern mit Sonne gegen die Sonne, in voller Sonne.

Haben sie das Porträt des Dichters gesehen?

Gesicht und Haare Chromgelb I.

Der Anzug Chromgelb II.

Die Kravatte Chromgelb III mit einer smaragdgrünen Busennadel (in Smaragdgrün).

Der Hintergrund Chromgelb IV.

So sagte mir ein italienischer Künstler und fügte hinzu: „Scheuße, Scheuße, alles ist gelb. Ich verstehe nicht mehr, was Malerei ist."

Es würde hier zu weit führen, auf technische Einzelheiten einzugehen. Dies sei nur festgestellt, um zu beweisen, daß Van Gogh, ohne eine Spur seiner Originalität zu verlieren, durch mich reiche Belehrung (und jeden Tag war er mir dafür dankbar) erfuhr. Und das will er sagen, wenn er an M. Aurier schreibt, er verdanke Paul Gauguin viel.

Als ich nach Arles kam, suchte sich Vincent noch, während ich, um vieles älter, ein fertiger Mensch war.

Auch ich schulde Vincent etwas. Nämlich: Meine früheren Ansichten über Malerei, im Bewußtsein ihm nützlich gewesen zu sein, befestigt zu haben; und dann in schweren Stunden mich erinnern zu können, daß es Unglücklichere gibt, als ich selbst.

Lese ich den Satz: „Die Zeichnung Gauguins erinnert ein wenig an die Van Gogh's", lächle ich.

In der letzten Zeit meines Aufenthalts wurde Vincent außerordentlich aufbrausend und laut, dann still. Ich überraschte Vincent an einigen Abenden, als er aufstand und an mein Bett kam.

Welchem Umstand soll ich mein Erwachen in diesen Augenblicken zuschreiben? Immer genügte es, ihm sehr fest zu sagen: „Was fehlt Ihnen, Vincent?" und er ging wieder wortlos zu Bett und fiel in bleiernen Schlaf.

Während ich ein Stilleben malte, das er so sehr liebte — Sonnenblumen — kam mir der Gedanke, ihn zu porträtieren. Als das Porträt fertig war, sagte er mir: „Ja, das bin ich, aber als Wahnsinniger."

Wir gingen an demselben Abend ins Café. Er trank einen leichten Absinth.

Plötzlich warf er mir Glas und Inhalt an den Kopf. Ich wich dem Wurfe aus, packte ihn unter den Arm, verließ das Café, kreuzte den Victor-Hugo-Platz, und wenige Minuten später lag Vincent in seinem Bett, wo er nach einigen Sekunden einschlief und erst am nächsten Morgen erwachte.

Beim Aufwachen sagte er sehr ruhig: „Lieber Gauguin, ich erinnere mich dunkel, Sie gestern beleidigt zu haben."

„Ich verzeihe Ihnen gern und von Herzen, aber die Szene von gestern könnte sich wiederholen, und wenn ich getroffen würde, könnte ich die Herrschaft über mich verlieren und Ihnen an die Kehle gehen. Darum gestatten Sie mir, daß ich an Ihren Bruder schreibe, um ihm meine Rückkehr anzuzeigen."

Mein Gott, welch ein Tag!

Gegen Abend hatte ich mein Essen gerichtet und spürte das Bedürfnis, mich allein ein wenig im Duft der blühenden Lorbeerbäume zu ergehen. Schon hatte ich fast den Victor-Hugo-Platz ganz überquert, als ich hinter mir einen wohlbekannten leichten, schnellen und hastigen Schritt hörte. Ich wandte mich just in dem Augenblick um, als Vincent sich mit einem offenen Rasiermesser in der Hand auf mich stürzte. Die Macht meines Blickes muß in diesem Augenblick sehr stark gewesen sein, denn er hielt inne und gesenkten Hauptes lief er in der Richtung nach Hause fort.

War ich damals feige, hätte ich ihn nicht entwaffnen und zu beruhigen suchen sollen? Häufig habe ich mein Gewissen befragt und habe mir keinen Vorwurf gemacht. Werfe, wer will, den ersten Stein auf mich.

Kurz entschlossen ging ich in ein gutes Arler Gasthaus, fragte nach der Zeit, nahm ein Zimmer und legte mich zu Bett.

Aufgeregt wie ich war, schlief ich erst gegen drei Uhr

morgens ein und erwachte ziemlich spät gegen halbacht Uhr.

Als ich auf den Platz kam, sah ich einen großen Menschenauflauf. Gendarmen standen vor unserem Hause und ein kleiner Herr in steifem Hut, der Polizeikommissar. Folgendes war geschehen.

Van Gogh ging nach Hause zurück und schnitt sich augenblicklich das Ohr unmittelbar am Kopfe ab. Er muß etliche Zeit gebraucht haben, die starke Blutung zu stillen, denn am anderen Morgen lagen auf den Fliesen der beiden unteren Räume eine Menge von feuchten Tüchern. Das Blut hatte die beiden Zimmer und die kleine Treppe, die zu unserem Schlafzimmer führte, besudelt.

Als er wieder fähig war auszugehen,. begab er sich, den Kopf tief in eine baskische Mütze gehüllt, gradwegs in ein Haus, wo man mangels einer Liebsten Bekanntschaften schließen kann und gab dem Wächter sein Ohr, das er fein gesäubert und in einen Briefumschlag verschlossen hatte. „Hier zu meinem Gedächtnis", sagte er, eilte dann fort, ging nach Hause, legte sich zu Bett und schlief ein. Indessen war er achtsam genug, die Läden zu schließen und eine brennende Lampe nahe dem Fenster auf den Tisch zu stellen. Zehn Minuten später war die ganze den Freudenmädchen eingeräumte Straße auf den Beinen und betratschte das Ereignis.

Ich hatte keinerlei Ahnung von alledem, als ich die Schwelle unseres Hauses betrat und der Herr im steifen

Hut mir in mehr als strengem Ton sagte: „Was haben
Sie, Herr, aus Ihrem Freunde gemacht?" – „Ich weiß
nicht." „Doch... Sie wissen es sehr wohl.... Er ist tot."
Ich wünsche keinem Menschen solchen Augenblick, und
ich brauchte Minuten, um wieder denken und mein
Herzklopfen unterdrücken zu können.

Wut, Empörung, Schmerz und die Schande auch all
dieser Blicke, die mich auffraßen, zerrissen mich und nur
stammelnd sagte ich: „Gut, mein Herr. Gehen wir nach
oben und reden wir dort weiter." – Vincent lag ganz in
Decken verkrochen wie zusammengerollt im Bett. Er
schien ohne Leben. Leise, ganz leise tastete ich seinen
Körper ab, dessen Wärme zuverlässig sein Leben bewies.
Dies bedeutete für mich das Wiedererwachen meines
Verstandes und meiner Energie.

Flüsternd sagte ich zum Polizeikommissar: „Wollen Sie,
Herr Kommissar, bitte, diesen Menschen recht vorsichtig
aufwecken, und ihm, fragt er nach mir, bedeuten, ich sei
nach Paris gereist; mein Anblick könnte ihm vielleicht
verhängnisvoll werden."

Ich muß zugeben, daß der Polizeikommissar von nun an
so zuvorkommend wie möglich sich benahm und verständiger Weise einen Arzt und einen Wagen holen ließ.
Bei seinem Erwachen verlangte Vincent nach seinem
Freunde, seiner Pfeife und seinem Tabak und dachte sogar daran, die untenstehende Kasse, in der unser Geld war,
zu erbitten. Zweifelsohne ein Verdacht! Dieser aber be-
rührte mich kaum, der ich schon gegen alles Leid gefeit war.

Vincent wurde ins Krankenhaus übergeführt, wo alsbald nach seiner Ankunft seine Gedanken sich wieder verwirrten.

Alle, die es interessieren kann, kennen den Schluß, und es erübrigte sich, darüber noch zu reden, wenn nicht über das gräßliche Leiden eines Menschen, der im Irrenhaus gepflegt, in monatlichen Zwischenräumen klar genug wurde, um seinen Zustand zu erkennen und wie gehetzt die wundervollen Bilder zu malen, die wir kennen.

Sein letzter Brief, den ich empfing, war von Anvers bei Pontoise datiert. Er schrieb mir, daß er gehofft hätte, soweit geheilt zu werden, daß er mich in der Bretagne aufsuchen könnte. Heute aber müsse er die Unmöglichkeit einer Gesundung erkennen.

„Lieber Meister" (er gebrauchte das Wort dieses einzige Mal), „wenn man Sie gekannt und gekränkt hat, ist es würdiger, in gesundem Zustand als in einem erniedrigenden Zustand zu sterben."

Er schoß sich eine Revolverkugel in den Bauch, und wenige Stunden später starb er im Bett, seine Pfeife rauchend, bei völliger geistiger Klarheit, voll Liebe für die Kunst, ohne Haß für die anderen.

In den „Monstres" schreibt Jean Dolent:

„Wenn Gauguin „Vincent" sagt, ist seine Stimme weich."

Jean Dolent weiß es nicht, aber er errät es und hat recht. Man weiß, warum.

VERSTREUTE Bemerkungen, zusammenhanglos wie die Träume, wie das Leben, das ganz aus Bruchstücken sich formt.

Und darum, weil viele daran mitarbeiten, die Liebe zu schönen, im Nachbarhause erblickten Dingen.

Oft kindliche Dinge, geschrieben ganz zur eigenen Erholung, ganz zur Einordnung geliebter — wenn auch verrückter Ideen vielleicht, in der Furcht vor schlechtem Gedächtnis, — als wären sie Strahlen, die bis zum lebendigen Kern meiner Kunst dringen! Auch wären all diese Bemerkungen überflüssig, wäre ein Kunstwerk Zufallswerk.

Ich denke mir, daß die Idee, die mein Werk oder ein besonderes Werk leitete, sehr geheimnisvoll tausend anderen sich verknüpft, meinen eigenen oder solchen, die ich von anderen hörte. An einigen Tagen voll schweifender Phantasie erinnere ich mich an langwierige oft fruchtlose und mehr noch verwirrende Studien. Eine schwarze Wolke verdunkelt den Horizont. Meine Seele verirrt sich und ich bin keines Entschlusses fähig. Wenn also in anderen durchsonnten Stunden ich klaren Geistes solchem Geschehen, solcher Vision, solcher Lektüre mich verbunden habe, muß man da nicht aus schmaler Anthologie Erinnerung schöpfen?

Häufig bin ich weit zurückgegangen, weiter als zu den Pferden des Parthenons ... bis zum Spielzeug meiner Kindheit, dem guten Schaukelpferd.

Ich habe mich bei den Corotschen Nymphen, die im heiligen Walde von Ville d'Avray tanzen, versäumt.

Dies ist kein Buch. —

Ich besitze einen Hahn mit purpurnen Flügeln, goldenem Hals und schwarzen Schwanzfedern.

Gott, ist er schön! Und macht mir Spaß!·

Ich besitze ein silbergraues Huhn mit gesträubtem Gefieder. Es scharrt, es pickt, es ruiniert mir meine Blumen. Macht nichts! Es ist komisch, ohne spröde zu sein. Der Hahn winkt ihm mit Flügeln und Füßen und alsbald bietet es ihm den Bürzel. Auch tritt er es schnell und kräftig.

Ja! Es ist schnell gemacht!! Ist das nun Glück? Ich weiß es nicht.

Die Kinder lachen. Ich lache! Mein, Gott, wie dumm das ist. Knappe Zeiten! Nichts zu futtern! Ob ich den Hahn esse? Ich bin hungrig. Er wäre zu zäh. Das Huhn also? Aber dann werde ich den Spaß nicht mehr haben, meinen Hahn mit den purpurnen Flügeln, dem goldenen Hals und den schwarzen Schwanzfedern das Huhn treten zu sehen; die Kinder lachten nicht mehr. Ich hungre noch immer!

Die Sintflut. — Ehemals stieg das empörte Meer zu den höchsten Bergspitzen. Und jetzt küßt das beruhigte Meer die Klippen.

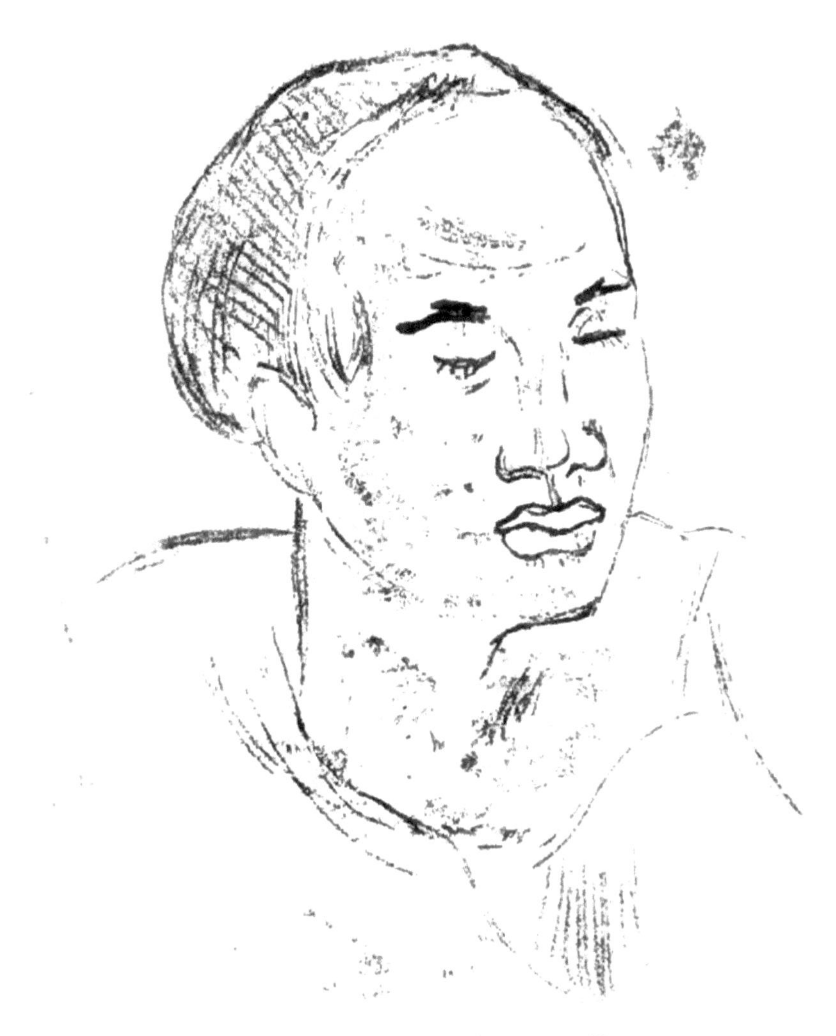

Étude   P.G.

Anders ausgedrückt: „Siehst Du, mein Mädel, früher stieg man hinauf, heute steigt man hinunter." Steigt hinunter und meint sich zu erheben.

Sie sind der Gesellschaft etwas schuldig.

Wieviel?

Was ist die Gesellschaft mir schuldig?

Vielzuviel.

Wird sie zahlen?

Niemals! (Freiheit, Gleichheit, Brüderlichkeit).

Auf der Veranda, süße Siesta, alles ruht. Meine Augen blicken in den Raum vor mir, ohne ihn zu erfassen, und ich habe das Gefühl der Ewigkeit, deren Anfang ich bin. Am Horizont Moorea, die Sonne naht sich ihm. Ich folge ihrem traurigen Gang. Ich habe, ohne es zu verstehen, das Gefühl einer von nun an immerwährenden Bewegung, eines unauslöschlichen allgemeinen Lebens. Und nun die Nacht! Alles schläft! Ich schließe die Augen, um, ohne ihn zu verstehen, den Traum im unendlichen vor mir fliehenden Raum zu erfassen. Und ich habe das weiche Gefühl, meine Hoffnungen traurig dahingleiten zu sehen.

Man speist! Ein langer Tisch. Teller und Gläser reihen sich an beiden Seiten. So aufgereiht lassen diese Gläser, diese Teller durch die Perspektive den Tisch lang, sehr lang erscheinen. Es ist übrigens ein Bankett.

Stephane Mallarmé präsidiert; ihm gegenüber Jean Moréas. Symbolist. Die Festgenossen sind Symbolisten. Vielleicht auch die Lakaien. Dort ganz am unteren Ende Clovis Hugues (Marseille). Dort unten auch am anderen Ende Barrès (Paris).

Man speist! Toaste! Der Präsident beginnt, Moréas antwortet. Clovis Hugues, vollblütig, mit langen Haaren, schwülstig, spricht lange, natürlich in Versen.

Barrès, dünn und lang, kahl, zitiert trocken Baudelaire in Prosa. Man hört zu. Der Marmor erstarrt.

Mein sehr junger aber fetter Nachbar (wundervolle Diamantknöpfe blitzen auf seinem tausendfach gefalteten Hemd) fragt mich ganz leise: „Weilt Herr Baudelaire unter uns auf diesem Bankett?"

Ich kratze mir das Knie und antworte:

„Er ist hier. Da unten. Unter den Dichtern. Übrigens spricht Barrès von ihm."

Er: „Ich möchte ihm gern vorgestellt werden."

In irgendeiner Gedankenfolge sagt irgend ein Heiliger zu einer von seinen Büßerinnen: „Hüten Sie sich vor der Eitelkeit der Demut."

EIN BRIEF STRINDBERGS

SIE bestehen darauf, von mir zur Erinnerung an den Winter 1894–95, den wir hier hinter dem Institut nicht weit vom Pantheon, ganz nahe dem Kirchhof von

Montparnasse verlebten, das Vorwort zu Ihrem Katalog geschrieben zu haben.

Gern hätte ich Ihnen diese Erinnerung auf jene Ocean-insel mitgegeben, zu der Sie reisen, um eine zu Ihrer mächtigen Gestalt harmonierende Umgebung und Fassung zu finden. Aber ich fühle mich in einer von Anfang an unsicheren Lage und so antworte ich denn gleich auf Ihre Anfrage mit einem: „Ich kann nicht" oder brutaler mit einem: „Ich will nicht."

Gleichzeitig schulde ich Ihnen die Erklärung meiner Weigerung, die nicht einer Ungefälligkeit, einer Schreib-faulheit entspringt, obschon es mir ein Leichtes gewesen wäre, die Schuld auf mein Handleiden zu schieben, das übrigens dem Haar noch keine Zeit ließ, in der flachen Hand zu wachsen.

Dieses: Ich kann Ihre Kunst nicht begreifen und ich kann sie nicht lieben. (Ich erfasse Ihre, diesmal ausschließ-lich tahitische Kunst nicht.) Aber ich weiß, daß dieses Geständnis Sie weder erstaunen noch beleidigen wird, da Sie mir hauptsächlich durch den Haß der anderen er-starkt scheinen. Ihre Persönlichkeit gefällt sich in der von ihr erregten Antipathie, wobei sie sorgsam darauf bedacht ist, intakt zu bleiben.

Und vielleicht haben Sie recht. Denn vom Augenblick an, wo Sie, bewundert und erfolgreich, Anhänger hätten, würde man Sie einrangieren, klassifizieren und Ihrer Kunst einen Namen geben, den die Jugend, ehe fünf Jahre ver-streichen, zum Spitznamen machen würde, mit dem sie eine überholte Kunst bezeichnete, die sie noch veralteter machen möchte.

Ich selbst habe mich ernstlich bemüht, Sie einzureihen, Sie wie ein Glied in eine Kette zu fügen, mir die Geschichte Ihrer Entwicklung zu Bewußtsein zu bringen, aber vergeblich.

Ich entsinne mich meines ersten Pariser Aufenthaltes im Jahre 1876. Die Stadt war traurig, denn die Nation betrauerte die geschehenen Ereignisse, fürchtete die Zukunft, irgend etwas gährte.

In schwedischen Künstlerkreisen hatte man den Namen Zola noch nicht gehört. Denn „L'assommoir" war noch nicht erschienen. Ich wohnte der Aufführung von „Rome vaincue" im Théâtre Français bei, wo Mme Sarah Bernhardt als neuer Stern zur zweiten Rachel gekrönt wurde, und meine jungen Künstler hatten mich zu Durand-Ruel geschleppt, um eine ganz neue Malerei zu bewundern. Ein junger damals unbekannter Maler führte mich, und wir sahen sehr erstaunliche Bilder. Meist Manet und Monet signiert. Aber da ich in Paris andres zu tun hatte als Bilder zu besehen, (in meiner Eigenschaft als Sekretär der Stockholmer Bibliothek sollte ich ein altes, schwedisches Missale in der Bibliothek von Ste. Geneviève suchen) so betrachtete ich diese neue Malerei mit kalter Gleichgültigkeit. Aber am nächsten Tag kam ich, ohne recht zu wissen warum, wieder und fand „etwas" in diesen bizarren Manifestationen. Ich sah das Wogen der Menge auf einer Landungsbrücke aber sah nicht die

36

Menge selbst. Ich sah die Geschwindigkeit eines Eilzuges in einer normannischen Landschaft, die Bewegung der Räder in den Straßen, scheußliche Porträts ganz häßlicher Personen, die dem Maler nicht ruhig hatten sitzen können. Von diesen außerordentlichen Bildern gepackt, sandte ich an eine Zeitung meiner Heimat einen Artikel, in dem ich die Gefühle zu übersetzen versuchte, die, wie ich glaubte, die Impressionisten hatten wiedergeben wollen. Mein Aufsatz hatte als unverständliche Sache einen gewissen Erfolg.

Als ich 1883 zum zweitenmal nach Paris kam, war Manet tot, aber sein Geist lebte in einer ganzen Schule, die mit Bastien Lepage um die Hegemonie rang. Bei meinem dritten Pariser Aufenthalt im Jahre 1885 sah ich die Manetausstellung. Diese Bewegung hatte sich damals durchgesetzt, hatte ihre Wirkung ausgeübt und war nun klassifiziert. In der Exposition triennale desselben Jahres: völlige Anarchie. Alle Stile, alle Farben, alle historischen, mythologischen, naturalistischen Vorwürfe. Niemand wollte mehr etwas von Schulen und Richtungen hören. Jetzt war Freiheit die Parole. Taine hatte gesagt, daß das Schöne nicht das Hübsche wäre und Zola: Kunst wäre ein Stück Natur durch ein Temperament gesehen.

Ein Name jedoch wurde mitten in diesen letzten Zuckungen des Naturalismus von allen bewundernd genannt: Puvis de Chavannes. Ganz allein stand er da wie ein Widerspruch, mit gläubigem Herzen malend und trug dabei dem zeitgenössischen Geschmack für Anspielungen ein wenig Rechnung. (Man kannte den Ausdruck: Symbolismus, diese recht ungeschickte Benennung einer so alten Sache: der Allegorie, noch nicht).

An Puvis von Chavannes mußte ich gestern abend denken, als ich beim südlichen Klang der Mandoline und Gitarre an den Wänden Ihres Ateliers dieses Durcheinander von durchsonnten Bildern sah, die mich heute Nacht bis in den Schlaf verfolgten. Ich sah Bäume, die kein Botaniker wiederfände, Tiere, die Cuvier niemals ahnte und Menschen, die Sie allein erschaffen konnten. Ein Meer, das aus einem Vulkan stürzen könnte, einen Himmel, in dem kein Gott wohnen kann.

„Mein Herr", sagte ich im Traum, „Sie haben eine neue Erde und einen neuen Himmel erschaffen, aber mir gefällt es nicht in Ihrer Schöpfung: Sie hat mir zuviel Sonne und ich liebe das Helldunkel. In Ihrem Paradiese lebt eine Eva, die nicht mein Ideal ist; denn wahrhaftig, auch ich habe ein Frauenideal oder zwei.

Heute früh ging ich in's Luxembourg-Museum, um einen Blick auf Chavannes zu werfen, der mir immer wieder in den Sinn kam. Mit tiefer Sympathie betrachtete ich den armen Fischer, der so aufmerksam die Beute erwartet, die ihm die treue Liebe seiner blumenpflückenden Frau und seines faulenzenden Kindes einbringen wird. Das ist schön! Aber hier stoße ich mich an der Dornenkrone, und ich hasse sie, mein Herr, verstehen Sie mich? Ich will nichts von diesem erbärmlichen Gott hören, der sich schlagen läßt. Himmel, dann lieber noch der Fitzliputzli, der im Sonnenlicht Menschenherzen frißt.

Nein, Gauguin ist aus anderem Holz als Chavannes geschnitzt, aus anderem auch als Manet, als Bastien Lepage!

Wie also ist er? Er ist Gauguin, ein Wilder, der die hemmende Zivilisation haßt, irgendwo Titan, der den Schöpfer beneidet und in verlorenen Augenblicken seine eigne kleine Schöpfung macht, ein Kind, das sein Spielzeug auseinandernimmt, um neues zu fertigen, ein Leugner und Gegner, einer, der den Himmel lieber rot sieht, als ihn blau mit der Masse zu sehen.

Mir scheint in der Tat, daß, nun ich beim Schreiben mich erhitzte, in mir ein gewisses Verständnis für Gauguins Kunst aufgeht.

Man hat einem modernen Schriftsteller vorgeworfen, nicht lebendige Wesen zu zeichnen, sondern sich seine Personen ganz einfach selbst zu gestalten. — Ganz einfach! —

Glückliche Reise, Meister! Nur kommen Sie wieder zu uns und kommen Sie zu mir. Vielleicht erlerne ich es bis dahin, Ihre Kunst besser zu verstehen, was mir die Möglichkeit geben wird, eine wirkliche Vorrede für einen neuen Katalog in einem neuen Haus Drouot zu schreiben. Denn auch ich beginne, das ungeheure Bedürfnis zu empfinden, zu verwildern und eine neue Welt zu erschaffen.

August Strindberg

VOM ÄSTHETISCHEN STANDPUNKT AUS.
ÜBER DEN MALER PAUL GAUGUIN
VON ACHILLE DELAROCHE

Es würde mir nicht anstehen, die Malerei Paul Gauguin's vom technischen Gesichtspunkt aus zu betrachten. Dies ist Sache der Maler, seiner Nachahmer. Da aber häufig ein Künstler weniger unparteiisch von seinen Pairs als von einem Fremden eingeschätzt wird, besteht, so scheint mir, Interesse, sich unter Arbeiten benachbarter Künstler über die große Linie einer allgemeinen Ästhetik zu verständigen.

Nicht aus Dilettantismus geschieht dieses. Ich werde also diese einfache Plauderei auf der Grundlage aufbauen, der solche Vision von Farben und Zeichnung idealisch entsprang und die sicherlich imaginär ist, die aber auch die hervorragenden Anzeichen einer Methode in sich birgt, die uns alle, Träumer oder Künstler, fesselt.

Zweifelsohne drängen heute die verschiedenen Künste, so Malerei, Dichtung und Musik, die lange getrennt ruhmreiche Straßen zogen, und plötzlich von einer Krankheit ergriffen wurden, die ihre jahrhundertelangen nun zu engen Grenzen sprengt, dahin, auf die benachbarten Felder überzulaufen, als wollten sie ihre Fluten in einem primitiven, gemeinsamen, breiteren Bette vermischen.

Auf den Ruinen erhabener Gebäude und ihrer Synthese erhebt sich unerhört, paradox, ohne feste Regeln, ohne Klassifizierungen mit vagen und ungenauen Grenzen, aber reich, willensstark, so mächtig, wie sie grenzenlos ist, eine ganze ästhetische Welt, die bis zu den geheimsten Fibern den Menschen zu bewegen geeignet ist.

Traurig stehen, in all diesem Umsturz verloren, die strengen Tempelwärter, unfähig, nun die kleinen Etiketten zu gebrauchen, die sie auf den Rücken jedes geistigen Manifestes zu kleben beliebten. Was aber tun? Mißt man die Woge, bestimmt man den Sturm? Einige Nullen, die ihn eindämmen zu können glaubten und also ihren Mangel an Vergeistigung bewiesen, versuchten einige armselige und kindliche Melodien: denn das Lächerliche hat nichts in der Kunst zu suchen. Im übrigen brauchten die Künstler sich nicht zu beschweren; nur die Starken werden verhöhnt, der Rest flößt eher Mitleid ein. Andere jammerten nach gallischem Geist, romanischer Rasse, griechischer Erziehung usw., die nicht in Betracht kamen und meinten, durch a+b die Illegimität und den endlichen Zusammenbruch dieser Bewegung bewiesen zu haben. Aber als Antwort hagelten von allen Seiten unwiderleglich die musikalische Lyrik Richard Wagners und seiner Schule, die Verse der symbolistischen Dichter, die Bilder der jungen Maler, die voll Wunderbarem waren.

Unter diesen geziemt Paul Gauguin ein recht hoher und besonderer Platz. Nicht nur der Priorität als der Neuheit seiner Kunst wegen. In der neulichen Ausstellung, zu der er uns lud, schritten wir durch einen Zaubergarten von Licht. Durch so eindringlich strahlendes Licht, daß es am Ausgang unmöglich scheint, die Bilder unserer üblichen Künstler anders als entgegengesetzte Halbschatten zu sehen.

Gauguin ist der Maler der primitiven Naturen. Er liebt und besitzt die Einfachheit, die suggestive Priesterschaft, deren etwas linkische und eckige Naivität. Seine Figuren haben etwas von der unzubereiteten Plötzlichkeit jungfräulicher Flora. So war es denn logisch, daß er zur Feier unserer Augen den Reichtum dieser tropischen Vegetation pries, wo das freie Leben der Eingeborenen unter glücklichem Gestirn üppig dahinströmt: hier in einem blendenden Farbenzauber und doch ohne überflüssige Ornamente, Schwulst oder Italianismen wiedergegeben.

So etwas ist einfach, großartig, imposant. Und wie die Heiterkeit dieser Naturgeschöpfe unsere fade Eleganz, unsere kindischen Aufregungen erdrückt. Das ganze Geheimnis der Unendlichkeiten strahlt aus der naiven Perversität ihrer auf das Neue der Dinge gerichteten Augen.

Wenig kümmert mich, ob in diesen Bildern getreue Wiedergabe der exotischen Realität sich findet. Gauguin wählte diesen unerhörten Rahmen, um in ihm seinen Traum zu verdichten. Und wie günstig ist diese von unseren Zivilisationslügen noch unbefleckte Umgebung. Aus diesen menschlichen Gesichtern, diesen brennenden Blumen steigt das Unwirkliche und Wunderbare ebensogut und besser als aus den mythologischen Schimären und Attributen jener anderen. Damals war es Mode, sich vor der Ungeheuerlichkeit dieser wahrhaftig allzu affenartigen und wenig lebendigen Anatomien, vor diesen vertikalen Landschaften, die mangels nötiger Perspektive keine Luft haben, sich vor Lachen zu biegen. Konnte man die Natur also entstellen? Und man berief sich nach Herzenslust auf den üblichen Rhythmus der griechischen Plastik, der italienischen Malerei. Aber abgesehen davon, daß es leicht wäre, an die ägyptische, japanische und gotische Kunst zu erinnern, die sich wenig an diese angeblich unwandelbaren Gesetze hielt, bewies sicherlich die holländische Schule in der Blütezeit der Klassik, daß auch das Häßliche ästhetisch sein kann. Einigen wir uns also darüber, daß wir die Vorurteile unserer Akademien mit ihren konventionellen Linien, klischierten Umgebungen, ihrer Rhetorik von Torsos draußen lassen müssen, wenn wir dieser sonderbaren Kunst gerecht werden wollen. Solange die plastische Kunst im Einvernehmen mit der Literatur und der Metaphysik sich auf das ihr eigne Gebiet formeller und objektiver Definition beschränkte: nämlich die Züge des Helden oder Bürgers zu verewigen, eine Landschaft zu erläutern, die natürlichen oder höheren Kräfte fühlbar und unterschiedlich zu gestalten, war es gut so und konnte nur durch eine Gesamtheit vorausgesetzter Linien, die diese Kategorie von Idealen vermittelten, geschehen. Damals hatten wir die Diskuswerfer, die Venus genetrix, die Apollos mit der harmonischen Geste, die Raffaelischen Madonnen usw., die heute unsere Museen bevölkern und die durch unzusammenhängende Dissertationen ästhetischer Professoren geschändet werden.

Aber heute, wo ein feineres geistiges Leben die verschiedenen schöpferischen Manifestationen durchdrungen hat,
muß der anekdotische und beschränkte Gesichtspunkt
dem bedeutsamen und allgemeinen weichen. Ein gra-
ziöser Torso, ein reines Antlitz, eine malerische Landschaft erscheinen uns wie das wundervolle und vielge-
staltige Aufblühen ein und derselben unbekannten und
in sich selbst unbestimmbaren Kraft, deren Gefühl indessen unwiderstehlich sich unserem Bewußtsein offen-
bart. So wird uns der Künstler weniger einer selbstherr-
lich aufgedrängten und umschriebenen Vision wegen, und
mag sie noch so harmonisch sein, fesseln, als um seiner suggestiven Kraft willen, die geeignet ist, unseren gedanklichen Aufschwung zu unterstützen, oder als Verzierer
unserer Träume, die ein neues Tor zur Unendlichkeit
und zum Mysterium öffnen.

Uns scheint, daß Gauguin besser als jeder andre bisher diese
Rolle des suggestiven Schmuckes erfaßte. Er arbeitet
wundervoll mit Verkürzung der Linie, Synthese der Impression. Jedes seiner Gemälde ist eine allgemeine Idee,
ohne daß darum nicht genügend formale Wirklichkeit gewahrt wäre, um die Wahrscheinlichkeit glaubhaft
zu machen. In keinem anderen Werk verwirklicht sich
so die ewige Übereinstimmung des Seelenzustandes und
der Landschaft, wie sie durch Baudelaire so einleuchtend
formuliert wurde.

Zeigt er uns die Eifersucht, geschieht es durch ein Flam-
menmeer von Rosen und Veilchen, wobei die ganze Natur

44

als mitfühlendes und schweigendes Wesen teilzunehmen scheint. Sprudelt Wasser geheimnisvoll für Lippen, die durstig sind nach Unbekanntem, so fließen in einen seltsam getönten Felsenkessel Wellen eines teuflischen oder göttlichen Getränkes. Anderswo bietet ein unwirklicher Obstgarten seine verhängnisvollen Früchte einer eingeborenen Eva dar, deren Arm ängstlich sich biegt, die Blume des Bösen zu pflücken, während auf ihren Schläfen der rote Flügelschlag der Schimäre rauscht. Dann wieder ist's ein an Leben und Frühling überquellender Wald, Spaziergänger sieht man auftauchen, fern in der glücklichen Ruhe ihrer Sorglosigkeit lassen fabelhafte Pfauen ihre saphirnen und smaragdenen Federn schimmern. Aber der fatale Hieb des ästeschlagenden Holzfällers stellt sich dazwischen und hinter ihm kündet die dünn aufsteigende Rauchfahne das vergängliche Schicksal dieser Feier. In sagenhafter Landschaft erhebt sich dort priesterlich und furchtbar das Götzenbild, und der Tribut der Vegetation quillt auf seiner Stirn in farbiger Lava. Und idyllische Kinder singen auf der Hirtenflöte Edens unendliches Glück, während zu ihren Füßen wie die Geister des Übels die roten heraldischen Hunde bezaubert sich besänftigen. Weiter eine lichte Glasmalerei aus reichen pflanzlichen und menschlichen Blumen, eine lichtumflossene Frauengestalt ihr göttliches Kind auf der Schulter, vor der durch die Blumen hindurch zwei andere die Hände sich in einer seraphischen Geste reichen, aus der, wie aus einem Wunderkelche, die mystischen Worte verhauchen. Über-

natürliche Flora, die betet, und Fleisch, das blüht auf
der ungewissen Schwelle des Bewußten zum Unbewußten.
Alle diese Bilder und die anderen auch, über die man
dieselben Dinge sagen kann, beweisen die innige Übereinstimmung von Thema und Form bei Gauguin. Aber
vor allem ist auf ihnen die weise Harmonie der Farben
bedeutsam und vollendet das Symbol. Die Töne ver-
schmelzen und widerstehen einander in Abstufungen, die
wie eine Symphonie von vielen und verschiedenen Chören
singen und ihre wahrhaft orchestrale Rolle spielen.
Solche Behandlung der Farbe, die wie die Musik Schwin-
gung ist, erreicht das Allgemeinste und demnach das Un-
begrenzteste der Natur: ihre innere Kraft. Logisch nur
war es, daß sie bei der heutigen Beschaffenheit des ästhetischen Gefühls die Zeichnung nach und nach verdrängte,
deren suggestive Nützlichkeit fortan an zweite Stelle rückt.
Und hier ist das Ziel, zu dem alle Künste streben und
gleichsam der Ort ihrer Vereinigung: das zukünftige Gebäude geistigen Lebens zu errichten, in dem die Poesie
als Seelenzustand die ordnende Geste, die Musik die At-
mosphäre und die Malerei der wundervolle Schmuck
wären. Die bisherigen verstreuten Versuche bedeuten in
der Tat nichts, wenn sie nicht die ersten Anzeichen und
wie Prophezeiungen dieser Ära idealen Aufbaus sind.
Mehr oder weniger dunkel fühlt die Menschheit, daß
ihr augenblicklicher Zustand von bedürftiger und täg-
licher Wirklichkeit nur vorübergehend ist, und das dumpfe
Krachen der alten sozialen Formen ist der bezeichnende

46

Hinweis auf diese Ungeduld, endlich, nach Sicherstellung der Nahrungsinstinkte, das uneigennützige Spiel eines geistig sensitiven Lebens zu gestalten.

In ihrer im ungewohnten Anblick der Dinge höchst verwunderten Kindheit errichtete sie zwischen den unentschlingbaren Lianen dieser Außenwelt Zauberschlösser, in denen Feen regieren. Folgte die Periode der Abstraktion, in der sich die wissenschaftlichen Methoden bildeten, die reich an Teilungen, Klassifizierungen, Kategorien aller Art waren. Jeder Gegenstand wurde beiseite genommen, studiert, gewogen, zerschnitten, bestimmt. Der menschliche Geist kam, stolz auf seine Dialektik, dazu, diese als solche zu betrachten und sophistisch, wie Kant es tat, sie als einzig bestehend zu erachten.

Aber die Illusion hielt nicht vor. Stolze Denker warfen dies eitle Instrument weit von sich, dessen Unfruchtbarkeit einer leerlaufenden Maschine vergleichbar ist. Schon die Mystiker fanden in diesen vertrockneten Vernunftschlüssen keine Befriedigung ihres Gefühls und hatten sich wieder auf die Ekstase als geraderen und sichereren Weg zur Erkenntnis geworfen. Aber abgesehen davon, daß dieser Zustand gewöhnlichen Seelen unzugänglich und gefährlich, weil schwindelig ist, läßt die kontemplative Passivität den uns innewohnenden Betätigungsdrang unbefriedigt.

Die Kunst, wie wir sie heute betrachten, die orphische Kunst, scheint also zur rechten Zeit zu kommen, um Nachfolgerin in der Gunst einer schlußfolgernden, diskreditierten gedanklichen Methode zu werden und uns

zu der schönen Eroberung zu führen, sie, die Bestien
rührt und die formlosen Felsen zu harmonischer Kadenz
bewegt. Wahrhaftig, die Kunst ist der Natur verwandt,
da sie Schöpfung ist, und die Schöpfung wiegt eine Idee
auf. Denn schöpfen heißt verstehen. Sie schließt also
den Bindestrich zwischen Bewußtem und Unbewußtem
in sich. Weswegen zu hoffen bleibt, daß durch ein der
Schellingschen Intuition — der die Wahrheit ahnte —
analoges Vorgehen sich eine Art ästhetischen Agnostizis-
mus bilden wird, der den höchsten Olymp unserer Träume,
Götter oder Helden, verherrlichen wird.

Unter allen anderen ist die Malerei jene Kunst, die die
Wege ebnen wird, indem sie den Widerspruch zwischen
der sinnlichen und geistigen Welt löst. Und beim Anblick eines solchen Werkes wie des Gauguinschen ertappt
man sich, wie man an einen Des Esseintes denkt, nicht
an den wahnsinnigen Kranken, den wir kennen, den
Sammler lebloser Bibelots, Lieferanten von Hysterien
oder chinesischen Gaukeleien, sondern an einen rein
geistigen, der aus freier Phantasie den hohen Kampfplatz
seiner Träume errichtete. Die lichten Fresken eines
Gauguin gäben die Wandbemalung, vor denen geheimnisvoll eines Beethoven oder Schumann Symphonien
tönen würden, während die heiligen Worte der Lyrik
feierlich die geistige Sage der menschlichen Odyssee
skandieren.

A. Delaroche

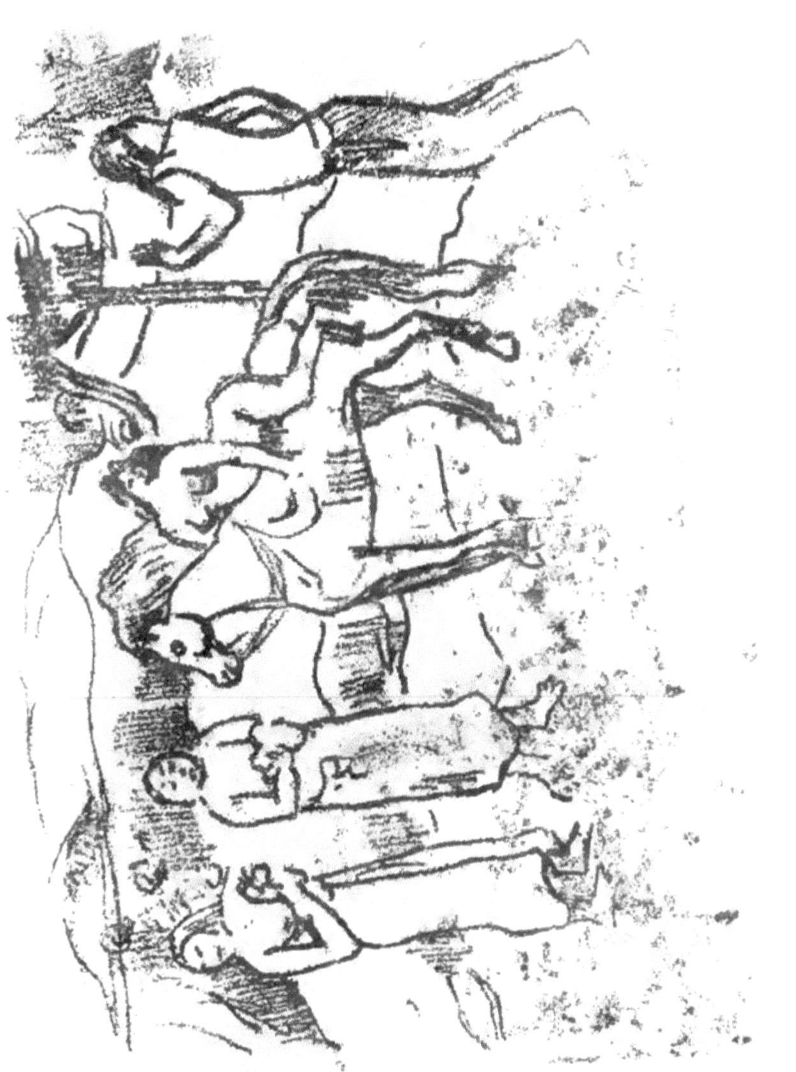

DIE ROSA KRABBEN

(Vorher) *Winter 86.*

Der Schnee beginnt zu fallen. Es ist Winter. Ich schenke Euch das Leichentuch, es ist ganz einfach Schnee. Die Armen leiden, häufig verstehen es die Hausbesitzer nicht. Eiliger als sonst und ohne Lust am Bummel drängen sich die Fußgänger an diesem Dezembertage in der Rue Lepic unserer guten Stadt Paris. Unter ihnen beeilt sich ein von Frost Geschüttelter, auffällig durch seine Kleidung, den äußeren Boulevard zu erreichen. Ein Ziegenfell hüllt ihn ein, Pelzmütze, Kaninchen wahrscheinlich, der rote Bart gesträubt: so sieht ein Ochsentreiber aus. Beobachtet nicht oberflächlich und schreitet trotz der Kälte nicht weiter, ohne sorgfältig die weiße, wohlgeformte Hand, die blauen, so hellen, kindlichen Augen zu betrachten. Gewißlich ein armer Kerl.

Er heißt Vincent van Gogh.

Hastig betritt er den Laden, in dem man überseeische Pfeile, alte Waffen und billige Ölbilder verkauft.

Armer Künstler! Ein Stück Seele gabst du dahin, als du dieses Bild maltest, das du jetzt verkaufst.

Es ist ein kleines Stilleben: rosa Krabben auf rosa Papier.

„Können Sie mir für dieses Bild ein wenig Geld geben, mir meine Miete bezahlen zu helfen?"

„Mein Gott, lieber Freund, die Kundschaft wird schwierig, verlangt billige Millets. Und dann, wissen Sie," fährt der Händler fort: „ist Ihre Malerei just nicht vergnüglich,

und die Renaissance liegt heute auf der Straße. Immerhin
sagt man, daß Sie Talent haben, und ich will etwas für
Sie tun. Hier sind 100 Sous."
Und das Geldstück klingt auf dem Ladentisch. Van Gogh
nahm es ohne Murren, dankte dem Händler und ging.
Mühsam schritt er die Rue Lepic wieder hinauf. Nahe
seiner Wohnung lächelte eine arme Entlassene von St.
Lazare dem Maler zu und erhofft seine Kundschaft. Van
Gogh war einer von denen, die viel lesen. Er dachte an
„La fille Elisa" und sein Fünffrankenstück gehörte der
Armen. Schnell, als schämte er sich seiner Wohltätigkeit,
entfloh er leeren Magens.

(Nachher.)

Ein Tag wird kommen, und ich sehe ihn, als wäre er da.
Ich betrete den Saal Nr. 9 des Hôtel des ventes; der Auk-
tionator versteigert eine Bildersammlung, ich trete ein:
„400 die rosa Krabben, 450—500. Nun, meine Herren,
sie sind mehr wert."
„Keiner mehr? Zuschlag für die rosa Krabben von Vincent van Gogh."

AUF dem 17. südlichen Breitengrad gibt es wie überall
Generalräte, Richter, Beamte, Gendarmen und einen
Gouverneur. Die ganze gesellschaftliche Elite. Und der
Gouverneur erklärt: „Seht ihr, Kinder, in diesem Lande
hat man nichts weiter zu tun, als Moneten aufzuklauben."
Ein im übrigen sehr gescheiter Generalrat schlägt vor,

zwischen zwei Kapiteln des Rapports einen kleinen Einsatz zu verschieben (sucht nicht), er meint, einen kleinen Absatz einzuschieben, der das chilenische Geld betrifft.

Ein dicker Staatsanwalt, Staatsanwalt der Republik, besucht mich, nachdem er zwei Diebe vernommen hat. In meiner Behausung kann man bizarre, da nicht alltägliche Dinge sehen: Japanische Schnitte, Photographien nach Bildern Manets, Puvis de Chavannes, Degas, Rembrandts, Raphaels, Michelangelos und Holbeins. Der dicke Staatsanwalt (wie man sagt ein Amateur, der sehr reizend zeichnen soll) schaut sich um und fragt mich vor einem Frauenporträt Holbeins aus dem Dresdener Museum: „Nicht wahr, das ist nach einer Plastik?“

„Nein, ein Bild Holbeins. Deutsche Schule.“

„Na Gott, das macht nichts. — Gefällt mir nicht übel. Ganz nett.“

Holbein?! ganz nett.

Sein Wagen erwartet ihn und er fährt weiter, um im Angesicht des Orofena ganz nett in einer ganz netten Landschaft zu speisen.

Auch der Pfarrer (gebildete Klasse) überrascht mich beim Malen einer Landschaft. „Ah mein Herr, Sie entwerfen da eine hübsche Aussicht.“

Rossini sagte: „Is weiß wohl, daß is kein Bach bin, aber is weiß auch, daß is kein Offenbach bin.“

Ich bin, sagt man, der beste Billardspieler und bin Franzose. Die Amerikaner sind wütend und bieten mir ein Match in Amerika an. – Ich nehme an. Riesige Summen werden gewettet.

Ich schiffe mich nach New-York ein. Schrecklicher Sturm. Alle Passagiere sind wie toll vor Angst. Ich speise vorzüglich, gähne und schlafe ein.

Großer, luxuriöser Saal, amerikanischer Luxus.

Die berühmte Partie beginnt. Mein Partner spielt als erster. Hundertundvierzig Points. Amerika frohlockt.

Ich spiele. Toc-Tic und Toc und immer so weiter, langsam, gleichmäßig. Amerika verzweifelt. Plötzlich! Das betäubende Geräusch einer heftigen Schießerei im Saal. Mein Herz hat nicht gebebt: Immer langsam, gleichmäßig zigzagen die Kugeln. Toc-Tic und Toc: zweihundert, dreihundert.

Amerika ist geschlagen.

Und immer gähne ich. Langsam, gleichmäßig zigzagen die Kugeln. Toc-Tic und Toc.

Man sagt, ich sei glücklich. Vielleicht.

Der große Königstiger, allein mit mir in seinem Käfig, fordert lässig meine Zärtlichkeit, und mit seinen Schnauzhaaren und Krallen zeigt er mir, daß die Zärtlichkeit genügt. Er liebt mich! Ich wage es nicht, ihn zu schlagen. Ich fürchte ihn und er mißbraucht es. Ich ertrage widerwillig seine Verachtung. Und diese Furcht macht mich glücklich.

Nachts fordert meine Frau meine Zärtlichkeit. Sie weiß,

daß ich mich davor fürchte und mißbraucht es. Und Bestien auch wir beide führen wir unser Leben mit Feigheit und Mut, Freuden und Schmerzen, Kraft und Schwäche, betrachten wir abends beim Rampenlicht, von Raubtiergestank erstickt, die blöde und feige Menge, hungrig nach Mord und Gemetzel, neugierig auf das gräßliche Schauspiel von Sklavenketten, Peitsche und Stange, nie vom Gebrüll der Mißhandelten gesättigt. Am Ausgang sagt mein alter Papagei auch sein kluges Wort: „Hast du gegessen, Jakob?“

Zu meiner Linken die Bude mit den gelehrten Tieren. Das unreine Orchester, um die Harmonie aufrechtzuhalten: zwei arme Hanswürste, Menschen. Die Herren der Schöpfung. Schlagen sich Ohrfeigen, versetzen sich Tritte. Selbst die so gelehrigen Affen wollen es ihnen nicht nachmachen.

Zu meiner Rechten die bescheidene Bude mit den Bergarbeitern. Hübsche, unschuldige Kinder · treten ein und verfolgen mit ihren so sanften Augen winzige, menschliche Eisenpuppen, die Erde scharren, und es ist schwarz. Am Ausgang sagen die höchst verwunderten Babys, daß es recht hübsch wäre.

Der Zeitungsverkäufer eilt schreiend vorbei: „Lest den Bergarbeiterstreik.“

Bild des Lebens und der Gesellschaft.

HARMLOSE KRITIKEN

In zusammenlaufenden Wegen suchen ländliche, gedankenlose Gestalten man weiß nicht was.

Es könnte von Pissaro sein.

Am Meeresstrand ein Brunnen; einige gestreift angezogene und buntscheckige Pariser Figuren suchen, von Ehrgeiz durstig, ohne Zweifel in diesem schadhaften Brunnen das Wasser, das ihren Durst löschen könnte. Das ganze aus Konfetti.

Es könnte von Signac sein.

Die schönen Farben stehen und erraten sich, ohne daß man es ahnt, hinter dem Schleier, den die Scham zugezogen hat. Die kleinen Mädchen beschwören, von Liebe befangen, Zärtlichkeit. Ihre Hände fassen und streicheln. Ohne Zögern behaupte ich, daß es von Carrière ist.

Die Kloakenreinigerin, der Krätzerwein, das Haus des Gehängten.

Unmöglich zu beschreiben. Macht es besser, seht sie euch an.

Reife Weintrauben quellen über den Rand der Obstschale. Auf dem Tischtuch vermählen sich die apfelgrünen und pflaumroten Äpfel.

Das Weiß ist blau, das Blau ist weiß. Ein verfluchter Maler, dieser Cézanne.

Auf dem Pont des Arts begegnet er einem berühmt gewordenen Kollegen. „Sieh da, Cézanne. Wohin des

Weges?“ „Wie du siehst, gehe ich nach Montmartre und du zum Institut.“

Ein junger Ungar erzählte mir, er sei Schüler von Bonnat. „Gratuliere“, sagte ich ihm. „Ihr Meister hat mit seinem Bild im Salon den Preis im Wettbewerb für Briefmarken gewonnen.“
Der Glückwunsch ging seinen Weg. Man kann es sich denken, wie sich Bonnat freute, und am nächsten Tage prügelte der junge Ungar mich beinahe.

Ein Pointillist. Ach ja, der sie am rundesten malt.

DIE CLOISONNÉ-VASEN

Dort unten, recht weit von meiner Hütte, liegt schneebedeckt die japanische Landschaft, und alles ist daheim. Ich will euch, da alle Türen verschlossen sind, auf daß ihr nicht durch den Schornstein zu schlüpfen braucht, einzig durch meine Erzählung mitten in eine japanische Familie führen: Bauern neun Monde im Jahr, Künstler in den Wintermonaten. Und was ihr in einem Hause werdet gesehen haben wird zu eurer Belehrung genügen. Alle sind von gleichem Leben, von derselben Arbeit und vornehmlich von derselben Fröhlichkeit beseelt. Der Innenraum ist alles, was man will: Eine kleine Fabrik, ein Schlafzimmer, Eßzimmer usw. — und erinnert nicht an das Kästchen, wie es unser großer Akademiker Pierre Loti beschrieb.

Ebensowenig werdet ihr die kleine Chrysantème, der Tahitianerin Rarahu Schwester, finden, welche beide unfähig sind, das vornehme Herz eines schon blasierten und verdorbenen Jünglings zu verstehen. Verdorben auch der junge Japaner, aber noch nicht enttäuscht. Im übrigen hat er seinen Bruder Yves nicht bei sich, um sein Herz auszuschütten.

In einem japanischen Hause ist alles einfach und zurückhaltend: Natur und Einbildungskraft. Man arbeitet und ißt von allen Früchten, und die Natur ist reich an Früchten. Sie wissen wohl, was ich meine, Loti? Aber man muß sich auf's Kosten verstehen, vergessen, daß man Offizier ist. Zum Teufel, man geht nicht mit seinen Achselstücken zu Bett.

Zucker und Pfeffer! Kostet! Es schmeckt so übel nicht. Oh! Welch köstliches Aroma hat der Thee, trinkt man ihn aus selbstgefertigter, und nach eignem Gefallen verzierter Tasse.

Und diese köstlichen kleinen Körbe, die jeder beim Nahen der schönen Jahreszeit für die Kirschenernte anfertigt. Geschickte Finger flechten sie, japanische Arabesken geben ihnen den Charakter.

Und diese entzückenden Cloisonné-Vasen, die soviel Geschick und Geschmack erfordern. Jeder japanische Bauer formt sich seine Vase, um sie im Frühling mit Blumen zu füllen.

Bauer! Mit Ausnahme der Gelehrten ist es das gleiche, ob Landbewohner, ob Städter.

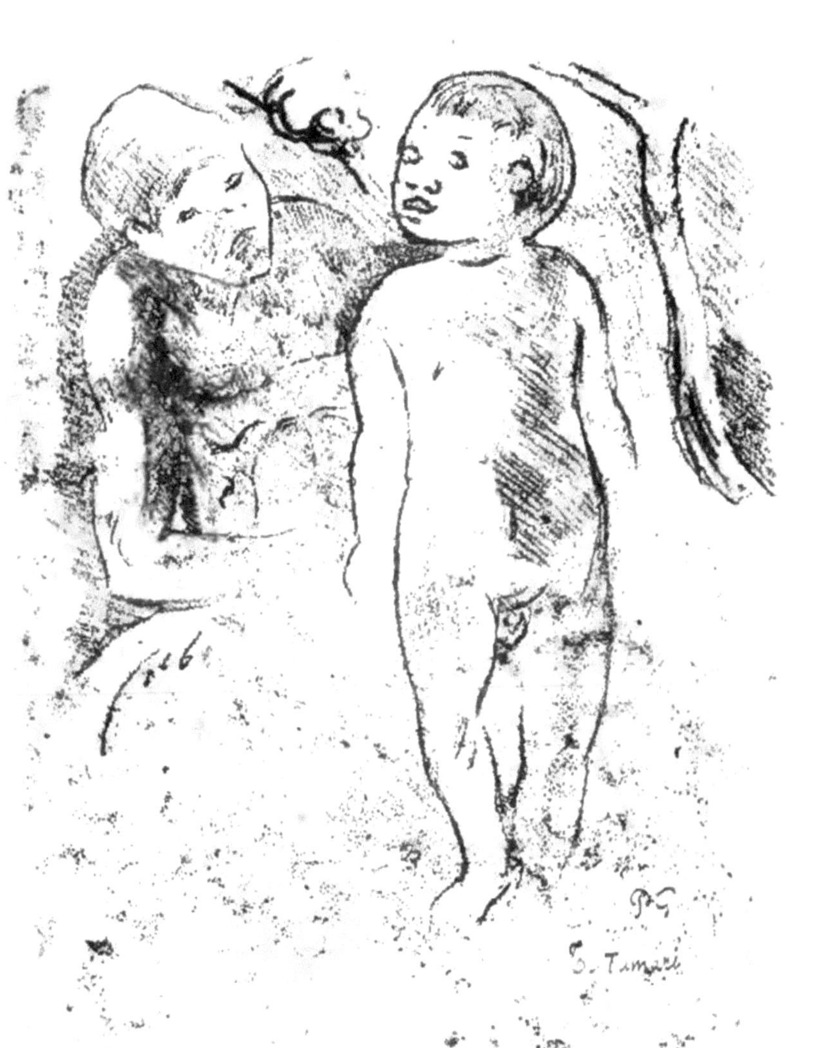
P Go
S. Tamari

Wollt ihr dem Verfahren beiwohnen? Für die Leutchen dauert es zwei bis drei Monate, einige Sekunden für euch und mich. Ich werde eure Geduld nicht durch lange Erzählungen auf die Probe stellen. (Nur um Seiten zu füllen.) Die Verleger schätzen es nicht, bringt das Buch nicht Tausende ein.

Im übrigen ist das kein Buch, im Höchstfalle ein Schwatz. Zuerst stellt der japanische Bauer sorgfältig Zeichnung und Komposition auf einem Blatt Papier her, das aufgerollt dieselbe Oberfläche wie die Vase hat. Er kann zeichnen. Nicht wie bei uns nach der Natur. Aber als kleines Kind hat er in der Schule ein allgemeines Schema erlernt, das nach den Meistern aufgestellt wurde.

Vögel im Fluge, im Sitzen, Häuser, Bäume, alles in der Natur hat eine unveränderliche Form, die das Kind bald im Schlafe kann. Nur die Komposition lehrt man ihn nicht, und so hat die Fantasie weitesten Spielraum.

So sitzt denn unser japanischer Bauer mit seiner Kupfervase vor sich, neben sich gut sichtbar seine Zeichnung. Pinzetten, Blechscheeren, flacher Kupferdraht sind sein Handwerkszeug.

Geschickt gibt er dem auf den Grund gelegten Kupferdraht die mit der vorliegenden Zeichnung genau übereinstimmende Form. Dann befestigt er mittels Borax alle diese Umrisse auf der Kupfervase, wohlverstanden auf ihren dem Entwurfe entsprechenden Platz. Ist dieser Vorgang mit äußerster Sorgfalt und großer Geschicklichkeit beendet, ist es nur noch ein Kinderspiel, die leeren

Flächen mit verschiedenfarbigen keramischen Pasten auszufüllen. Jedoch gehört auch hierzu Überlegung und ein besonderer Sinn für die unendlich variierten Harmonieen, der sich um die Komplementärfarben nicht kümmert. Der Fortschritt drang noch nicht bis dahin, ob sie Technik haben, weiß ich nicht. Der Künstler hat sein Kunstwerk beendet und wird zum geschickten Keramiker. Bleibt ihm nur noch, die Vase zu brennen. Der feuerfeste Ofen ist bei jedem Kaufmann zu haben, jeder Bauer besitzt ihn in allen Größen. Eine kleine Tür ist eingelassen, um den Brennmesser einzuführen und herauszunehmen. Frauen und Kinder treten an, man bedeckt den Ofen nebst Inhalt mit Kohlen, die man langsam, ganz langsam entzündet. Jeder bläst mit seinem Fächer das Feuer an und es folgen die unschuldigen Spiele. — Der Herr Pfarrer liebt nicht das Lochspiel, nicht mit Worten aber mit Gesten, und alle spielen das Spiel vorzüglich.

Als Pfand dienen Schmuck und Kämme, schnell ausgerufen, schnell abgelegt. Man wird warm, der Fächer fächelt schneller und schneller, das Teufelswerk im Ofenrohr nähert sich seinem Ende, Lachen und Singen begleitet diesen Hexensabbat. Schnell sind die Pfänder erschöpft und die Kämpfer erscheinen endlich wie im frühesten Alter in schönster Nacktheit. Kein einziges Feigenblatt. Da man nichts mehr zu geben hat, gibt man sich selbst, und ich versichere euch, daß weder der Notar noch der Herr Bürgermeister diese Liebe des Augenblicks, die nicht ewig dauern könnte, legalisieren.

Es ist spät, alles kühlt ab, die jungen Leute und der schreckliche Ofen, sachte, ganz sachte. Ruhe nach vollbrachtem Werk.

Am Morgen hat sich alles beruhigt, und auf einer dieser kleinen, mit Perlmutter eingelegten Truhen erscheint zum ersten Mal die Vase, denn sie ist noch nicht fertig. Aber ein klein wenig schon will man sich an ihr erfreuen. Der Künstler mustert bald nahe heran-, bald wieder zurücktretend sein Werk.

Schimpft er, finden die Kinder die Vase sehr häßlich. Ist er hingegen freundlich und verteilt er Bonbons, sagt das kleinste, das Baby, „ja" und schweigt, und das größte ist voll Bewunderung und sagt: „Papa, wie ist sie schön"; wohlverstanden sagt er's auf japanisch.

Um die Vase fertigzustellen, poliert man sie sorgfältig Tag für Tag. Und im Frühling schweift man zu glücklichen und frohen Paaren in die Blumenwälder, wo am aphroditischen Duft die Sinne sich neu beleben und pflückt die Sträuße, die so schön in die Cloisonné-Vasen passen.

P. S. Einstmals erzählte ich diese Geschichte jemandem, den ich für gescheit hielt, und als ich fertig war, sagte er: „Aber Ihre Japaner sind ja nette Schweine."

Ja, aber dem Schwein ist alles rein.

Hierzu sagt Remy de Gourmont (im Mercure): „Es ist wirklich ein eigenartiges Schauspiel in der Geschichte, wie dieses wahnsinnige Vorurteil in Dingen geschlecht-

licher Moral vor unseren gleichgültigen Augen soviel
ruhige Männer und soviel liebenswürdige Frauen ver-
dummt."

Das jüdische Baby geht in die Tuilerien spielen, die
Bonne führt es hin.
Das jüdische Baby ist es recht müde, mit seinem roten
Luftballon zu spielen.
Das jüdische Baby sieht einen kleinen Christen, der es
auch müde ist, mit seinem prächtigen Holzpferd zu spie-
len, tritt näher, blickt verächtlich auf das Holzpferd und
sagt: „Recht häßlich, dein Spielzeug." Spielt dann unter
Freudenausbrüchen mit seinem roten Luftballon.
Das christliche Baby weint, dann sagt es seufzend und
schüchtern: „Willst du tauschen?"
Das jüdische Baby kommt triumphierend mit seinem
Holzpferd heim und der Vater: „Herzenskind," ruft er
aus, „wie bist du ganz der Papa — du bringst es weit."

Kommt jemand, dich um einen Gefallen zu bitten, gib
ihm keine Ratschläge und Lehren, zumal wenn du ihm
den Gefallen nicht tust.
Hüte dich, einem gelehrten Trottel auf den Fuß zu treten.
Sein Biß ist unheilbar.

Es war zur Zeit der Tamerlane, ich glaube im Jahre X
vor oder nach Christi Geburt. Gleichviel, Genauigkeit

schadet dem Traume oft, verschlechtert die Fabel. Dort
auf jener Seite, wo die Sonne aufgeht, wonach man diese
Gegend Levante nennt, waren einige sonnenverbrannte
Jünglinge unter duftenden Bäumen versammelt. Zum
Zeichen ihres zukünftigen Berufes trugen sie im Gegen-
satz zur soldatischen Menge lange Haare.

Sie lauschten, ich weiß nicht ob respektvoll, dem großen
Professor Vehbi-Zumbul-Zadi, dem bekannten Lehr-
meister und Maler. Falls ihr wissen möchtet, was jener
Künstler in diesen barbarischen Zeiten sagen konnte,
merkt auf: Er sagte:

Nehmt immer Farben desselben Ursprungs. Indigo ist
die beste Grundlage. Es wird gelb durch Salpetergeist
und rot im Essig. Die Drogisten haben es stets vorrätig.
Haltet euch an diese drei Farben. Mit Geduld werdet
ihr so alle Schattierungen komponieren lernen. Der Grund
eures Papiers soll eure Farben heller machen und das
Weiß geben, aber spart ihn niemals gänzlich aus. Wäsche
und Fleisch kann man nur malen, kennt man das Geheimnis der Kunst. Wer sagt euch, daß Hellzinnober
Fleischfarbe und Wäsche mit Grau zu schattieren sei?
Legt einen weißen Stoff neben einen Kohlkopf oder
neben einen Buschen Rosen, und ihr werdet sehen, ob er
einen grauen Ton hat.

Verwerft Schwarz und diese Grau genannte Mischung
aus Schwarz und Weiß.

Nichts ist schwarz und nichts ist grau. Was grau erscheint ist eine Mischung heller Nuancen, die das geübte

Auge errät. Wer malt, hat nicht wie ein Maurer die Aufgabe, mit Lot und Winkelmaß in der Hand ein Haus nach einem vom Baumeister gelieferten Plan zu errichten. Es ist für junge Leute gut, ein Modell zu haben, aber sie sollen den Vorhang vor ihm zuziehen, wenn sie es malen. Besser ist es, nach dem Gedächtnis zu malen. So wird das Werk euer sein. Euer Erlebnis. Euer Geist, eure Seelen werden dann das Auge des Dilettanten überleben. Er läuft in seinen Stall, wenn er die Haare seines Esels zählen, wenn er feststellen will, wie viele dieser an jedem Ohre hat und wo sie sitzen.

Wer sagt euch, daß man Farbgegensätze suchen soll? Gibt es für den Künstler Süßeres, als in einem Strauß Rosen jeder einzelnen Färbung zu geben? Könnten also niemals zwei ähnliche Blumen Blatt an Blatt stehen? Sucht die Harmonie und nicht den Gegensatz. Den Akkord, nicht das Aufeinanderprallen. Nur das unwissende Auge gibt jedem Gegenstand eine feste unveränderliche Farbe, ich warnte euch schon vor dieser Klippe. Übt euch, ihn zusammen mit einem anderen oder beschattet zu malen, das heißt im Nebeneinander oder im Schatten von Gegenständen, die andre oder gleiche Farben wie der Vorwurf tragen. So gefallt ihr durch eure Abwechslung und Wahrhaftigkeit — durch die eure. — Geht aus dem Hellen ins Dunkle, und nicht aus dem Dunklen ins Helle. Niemals kann eure Arbeit licht genug sein. Das Auge soll sich durch eure Arbeit erholen. Gebt ihm Freude, nicht Kummer! Dem Kitschier kommt es zu, fremde Werke zu kopieren. Wenn ihr eines anderen Bilder reproduziert, seid ihr nur Farbenmischer noch, stumpft ihr eure Sensibilität ab, tötet ihr euren Farbensinn. Alles atme bei euch Ruhe und Seelenfrieden. Vermeidet auch die bewegte Pose. Jede eurer Figuren muß im Gleichgewicht stehen. Als Oumra die Marter Ocrais malte, ließ er den Henker das Schwert nicht heben, hat er dem Khakhan keine drohende Geste gegeben, die Mutter des Märtyrers nicht in Krämpfen sich windend gemalt. Der Sultan auf seinem Thron faltet zornig die Stirne, der stehende Henker betrachtet Ocrai wie eine Beute, die ihm Mitleiden einflößt, und die an einen Pfosten gelehnte Mutter zeigt ihren hoffnungslosen Schmerz durch die Abspannung ihrer Kräfte und ihres Körpers. Auch kann man ohne Ermüden eine Stunde vor dieser in ihrer Ruhe um so tragischeren Szene verweilen, als wenn nach einer Minute uns die unmöglich auszuhaltende Stellung die Lippen verächtlich kräuseln ließe.

Legt Wert auf die Silhouette aller Dinge. Die Reinheit der Kontur ist das Verdienst der durch keine Unsicherheit des Willens gehemmten Hand.

Warum nach Lust und mit Vorbedacht verschönern wollen? Auf diese Weise verschwindet die Wahrheit, der Duft jeder Gestalt, Blume, Mensch oder Baum, alles verwischt sich in eine allgemeine Hübschigkeit, die den Kenner anekelt. Damit sei nicht gesagt, daß man nun jeden graziösen Vorwurf verbannen soll. Aber es ist schon besser, wenn man malt wie man sieht, als Farbe und

Zeichnung in eine theoretische Form zu gießen, die ihr in eurem Hirne schon fertig habt."

Ein Murmeln ertönt im Gebüsch. Hätte der Wind sie nicht verweht, hätte man vielleicht einige mißfällige Ausrufe: „Naturalist, Schuster …" gehört, aber der Wind verwehte sie, während Mani mit gerunzelter Stirn seine Schüler Anarchisten schalt und fortfuhr:

„Macht zeitig Schluß! Eine Impression hält nicht lange genug vor, als daß nicht die Suche nach unendlichen Details noch nach Fertigstellung dem ersten Wurf schadete. Ihr bringt die Lava also zum Erstarren und kochendes Blut wandelt ihr in Stein. Und wäre er ein Rubin, werft ihn fort. Ich sage euch nicht, welche Pinsel ihr vorziehn, welches Papier ihr wählen, in welche Himmelsrichtung ihr euch setzen sollt. Nach diesen Dingen fragen junge Mädchen mit langem Haar und kurzem Sinn, die unsere Kunst auf dasselbe Niveau mit der des Pantoffelstickens und köstlichen Kuchenbackens bringen.

> Würdig sah man Mani gehen,
> Froh die Jugend auseinanderwehn.
> Im Jahre X ist dies geschehn.

ZEITGENÖSSISCHE URTEILE

Eine ungestüme Dame — reif war sie, allzu reif — die Dame hatte mich erschreckt, und ich, Joseph, sie zu verstehen nicht gewagt —, erklärte meiner Braut: „Sehen Sie, liebes Kind, Sie werden einen ordentlichen Kerl heiraten. Aber dumm ist er, dumm ist er."

64

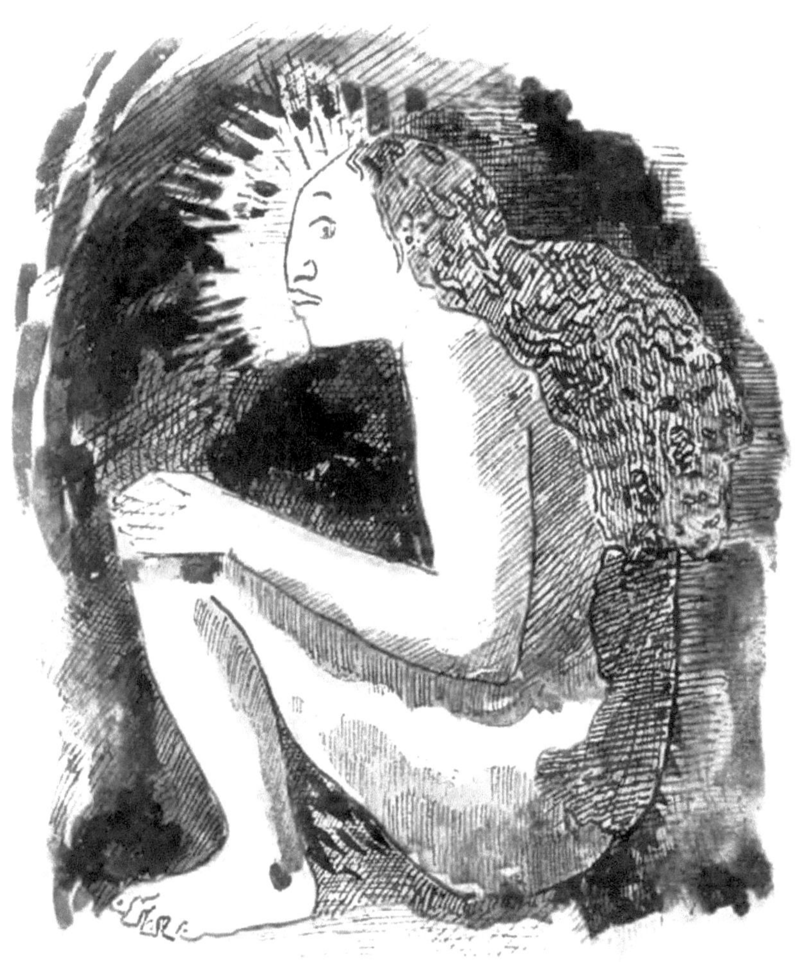

Bald darauf sagte ein frisch ausgekrochener Maler:
„Gauguin, sehen Sie, ist ein grober Matrose, der sehr ge-
schickt kleine Schiffe mit vollen Segeln in geschmack-
vollen Rahmen malen kann. Der Soundso wird ihm viel-
leicht Schmiß beibringen."
Diese Aussprüche scheinen mir geeignet, mich vor dem
Eitelkeitslaster zu bewahren.
Später noch schrieb ein frühreifer Jüngling:
„Ich habe als fleißiger Pionier, den Kopf voll Ideen, die
Erde durchforscht und nichts gefunden. Gauguin, der
dies sah und klüger war, hob alle Schätze."
Über diesen Pionier hat ein Kunstliebhaber gesagt: „Er
klatscht eine Zeichnung ab, dann klatscht er den Ab-
klatsch ab und so fort, bis er, wie der Vogel Strauß den
Kopf im Sand, findet, daß es nicht mehr ähnlich ist und
dann — signiert er."
Um sich an Gauguin zu rächen, schrieb dieser reizende,
von einem gläubigen Mäzen unterhaltene Knabe an einen
Freund Gauguins:
„Mein lieber und süßer Freund, Gauguin hat Sie zum
Hahnrei gemacht." Der Freund erkannte die Verleum-
dung als solche und antwortete: „Ausgeschlossen." Und
unser reizender Knabe, um sich an diesem ungläubigen
Freund, der auch Maler war, zu rächen, adressierte einen
Brief an ihn wie folgt:
„Herrn Z. Hinterstubenvermieter," worauf der Freund
nach Kairo schrieb: „Herrn X. Aftermieter."
Laßt es euch gesagt sein und verkehrt nicht mit Scham-

losen. Ich mache mir aus alledem nichts; der Weg wird
immer steiniger; ich altere. Die Erinnerung an das Böse
zergeht in Rauch, die Decke über dem Bewußtsein ver-
steckt die Dornen, mildert die Bißwunden.

Ruhm ist wenig, wenn das schlechtgefügte Piedestal beim
geringsten Hauche zusammenkracht. Im übrigen suchen
ihn die Aufrichtigen nicht. Die Einsamkeit ist so schön,
das Vergessen so erholsam, wenn man seiner Sünden sich
bewußt, die Befreiung ersehnt und doch das unbekannte
Nachher fürchtet.

Du mußt sterben, Riese. Das genügt, dich zu ernie-
drigen.

Problem, das man zu lösen sucht, leicht am Anfang,
Sphinx beim Tode. Eine Handvoll Kleingeld, das ein
Krösus in den Wind schleuderte, um das nachher der
Stärkste sich reißt, oder von dem der Geschicktere, stolz
seines Sieges, den geringsten Teil aufhebt. Er wird bald
kleiner, wenn er beim Tabakhändler zum Pfeifenstopfen
Tabak für die zwei Groschen fordert, die er so mühsam
auflas.

Mein Nachbar meint: „Nicht übel die Philosophie des
Herren Umsobesser, sie ist viel wert, und ich, ein Gim-
pel nur, sage, sie taugt nicht viel."

„Mein Gott," sagte sie, „er ist anständig … aber so dumm."

Dies ist kein Buch.

Auf dem Maultierwege latschen zwei Silberbetreßte,
beide blau, vor sich hin; denn zweifelsohne ist die krumme

Linie die kürzeste. Der Verwaltungswein macht die Beine lustig und die Zunge schwer. Es wäre wie im Liede, wenn es nicht auf den Marquesas passierte — als der Wachtmeister einen goldigen Fratz, den ihr nicht Grille d'Egout oder La Goulue heißen könntet, entdeckte und ausrief: „Für mich" und der Gendarm alsbald erwiderte: „Wachtmeister, Sie irren."
Und der Fratz auch, ohne böse zu werden, antwortete: „Der erste zahlt zwei Piaster, der zweite nur einen." Diesmal dachte der Gendarm, daß die Kleine ebenso unwissend wie in Paris wäre und erklärte: „Sie haben recht, Wachtmeister." — „Aber nein . . . aber nein . . . Schießen Sie zuerst, Herr Gendarm, ganz wie die Engländer."
Aber ein Gendarm kann nicht vor seinem Wachtmeister darankommen.
Man kann dreist auf den Marquesas sein, die Damen sind im Zuge. Übrigens sagen ihnen die Missionare: „Jede Sünde muß ihre Entschuldigung haben." Geld ist Entschuldigung.

Beim Lesen des „Journal des Voyages" kommt jemand auf den Gedanken, Paris und eine Zivilisation, die ihm gräßlich ist, zu verlassen. Er setzt sich in die Eisenbahn und besteigt in Marseille das Schiff, einen üppigen Dampfer.
Schon nach einigen Tagen der Seereise fängt er an, diese koloniale Welt, von der er nichts ahnte, kennenzulernen.

„Ach, wie süß ist es, in Herden unter der Zuchtrute zu leben, mit gesicherten Fleischtöpfen und die Aureole des Ordensbändchens im Bereich der Möglichkeit." (Remy de Gourmont.)

Alle Tage gibt's glänzende Feste, lange Tische mit vorzüglichen Gerichten, und an jedem Tische führt ein Offizier den Vorsitz.

„Ober! Was heißt denn das? Glauben Sie, ich bin gewohnt, solchen Fraß zu essen? Die Regierung zahlt, und ich verlange etwas für mein Geld!" Daheim ißt der Beamte für einen Groschen Feigen und für einen Sechser Radieschen, — Sonntags Salat und mit Knoblauch abgeschmecktes Brot in Essig. An Bord ist das ein ander Ding. Man hat Urlaub. Und will auf Regierungskosten schimpfen und sich vollstopfen. Schlemmer mit verwöhntem Gaumen, die oft gefällige Ehemänner sind, Kinder, soviel du willst, picklig, skrofulös, ganz die Eltern, die schon den Stempel der·Mittelmäßigkeit tragen, die Wohltat des allgemeinen Schulzwanges.

Im Großen Ozean hat eben ein Schiff Anker geworfen. Vor einem Inselchen, das nicht auf der Karte eingezeichnet ist. Immerhin drei Einwohner, ein Gouverneur, ein Ordnungsbeamter und ein Tabakhändler mit Briefmarken. Schon!!!

Ach, lieber Leser, du meinst, es sei leicht, einen Platz fern von den Bösen zu finden. Nicht einmal auf der Insel des Doktor Moreau, nicht einmal auf dem Planeten Mars. Man merkt es, seit die Marsbewohner (um

die Buren zu rächen) nach London niedergestiegen sind,
um unter all den braven Engländern eine Panik zu er-
zeugen.

Ankunft in Tahiti. Die Reisenden mit Rückfahrkarte um-
steigen! Der Ankömmling ist Besuche schuldig (unbe-
schreiblich der Zylinder), der Gouverneur, die Straßen-
kehrer auch. — Man flüstert . . . schließlich, wenn auch
zuvorkommend, fragt man dich: „Haben Sie Geld?"
Aber verzweifle nicht. Der Abend naht, und endlich
wirst du das Versinken der Zivilisation genießen. In der
Mitte des kleinen Squares ein kleiner Kiosk, kaum groß
genug, um alle Mitglieder der philharmonischen Gesellschaft zu fassen. Und angezündete Lampions, reizende,
moderne Musik entzücken dich. Du bemerkst einen Beamten in der Dienstmütze, der Billette für die Holzpferde
verkauft, irrst dich und forderst dein Omnibusbillett:
Madeleine-Bastille. Noch immer zerstreut, nimmst du
in einem von Holzpferden gezogenen Gefährt Platz. Es
dreht sich, dreht sich, dreht sich. Es ist nicht die Bastille.
Irrtum!! Es ist Tahiti.

Und widerfährt dir einmal solches Mißgeschick, laß es
dir nicht einfallen, die Bekanntschaft eines Staatsanwalts
der französischen Republik zu machen. Wie mir, würde
es dir teuer zu stehen kommen.

Aber überdies will ich dir das Abenteuer nicht von Anfang an erzählen, sondern von dem Augenblick an, wo
ich wütender als Meissonier mich ernstlich zu ärgern
anfing.

Jedermann, selbst der Kommandant des Kriegsschiffes, wollten mir ein derartiges Unternehmen ausreden. „Sie wissen nicht,“ sagte man mir, „was ein Staatsanwalt und Gouverneur in den Kolonien bedeutet. Ebensogut können Sie den Lauf eines Kometen hemmen, indem Sie ihm Salz auf den Schwanz streuen!“

So wurde ich Journalist, Polemiker, wenn Sie wollen. Aber es ist nicht so einfach, diese Klippen zu umschiffen ohne zu zerschellen. Ich mußte die Umwege studieren, um nicht ins Gefängnis zu wandern.

Ein kleines Beispiel meiner Gewandtheit: „Was X. betrifft . . . so sind die Gerüchte so ungeheuerlich, daß ich aus Achtung vor der Menschheit mich zu glauben verpflichtet fühle, daß sie vielleicht Verleumdungen sind.“

Noch ein Beispiel. Dies nach der komischen Seite: Demosthenes: ἑσπέρα μὲν γὰρ ἦν. Es geschah im Schrecken einer finsteren Nacht.

Oft erheitern uns aus dem Griechischen übertragene Anekdoten, und es erscheint mir keine unmögliche Kühnheit vielmehr eines lustigen Gesellen Scherz, erzähle ich deren eine, ohne für die Echtheit der Übertragung aufzukommen: Im Jahre X der 18. Ramses-Dynastie geschahen sehr absonderliche Dinge auf Cythera. Aber das Cythera der Kreter war nicht das Cythera von heute. (Cythera, das der Schweiz im Austausch gegen die berühmte Armbrust Wilhelm Tells und seines Apfels, später des cytherischen Apfels, abgetreten wurde, das schweizerische Cythera verlor seinen schönen Venustempel und wurde durch einen Anstrich von Genfer Sittenstrenge traurig und unerträglich.)

Früher also im kretischen Cythera war der Himmel klar, die Frauen waren anbetungswürdig und wurden angebetet, da sie nackt und froh in der milden Luft, in der Liebkosung sanfter Gräser, in der Wollust des Bades lebten. Es war ein ewiges Fest, vollkommene Unkenntnis der Arbeit, die die Freigebigkeit der Natur erübrigte.

Was gab es Heitereres als seinen Hafen mit den sonnenbeschienenen Läden, seinen Pirogen. Welch berühmter Tag war dieser sechzehnte der 18. Ramses-Dynastie im Jahre X. Die „Handelsgesellschaft" hatte eben ihr Warenhaus eröffnet, als ein Kunde eintrat, ein ganz kleiner, mikroskopischer Jüngling, sanft wie nur einer, ausgezeichnet gekleidet, von oben bis unten gesalbt und gewichst.

F. „Führen Sie Zimtcoldcream?"

A. „Natürlich, ganz frische Ware." —

„Geben Sie mir ein Kilo." Und der Verkäufer beeilt sich, die Ware zu liefern und verschiedene Artikel, unter anderem die berühmte Erfindung der Saugflasche „Pastoros", gegen Zahnschmerz anzupreisen.

„Stellen Sie sich vor, die Lymphe ist einem ganz besonderen Walroß entnommen, das nur unter dem 90. Breitengrad angetroffen wird. Man hat ein abschließendes Experiment mit dem blauen Elefanten von Amsterdam vorgenommen. Dieses Tier war infolge rasender Zahnschmerzen äußerst gefährlich geworden. Ein Kakerlak hatte sich in einen seiner Stoßzähne eingefressen, um dort sein Nest zu bauen.

Die Saugflasche „Pastoros" nun besitzt einen Schnuller mit stachliger Oberfläche.

Der Elefant saugte, stach und impfte sich.

Das Resultat war erstaunlich. Der blaue Elefant wurde alsbald rot, dann fielen seine Stoßzähne vor die Füße des Wächters."

Als der kleine Liebling das Geschäft verließ (die Scheiben verloren an Glanz), sagte die schöne, riesige Tutona: „Auf heute Abend."

Vom Kirchturm schlug es acht. Überglücklich, von seinen zwei schwarzen Hunden gefolgt, stieg der kleine Liebling (majestätisch diesmal) die Stufen zum Staatsgebäude empor.

F.: „Jedermann auf Posten?" fragte er.

A.: „Zu Befehlen, hoher Herr Archont."

„Ich will heute morgen nicht gestört werden und bin für niemanden zu sprechen."

Liebling ist allein in seinem eleganten, gepolsterten Arbeitszimmer, er spiegelt sich, putzt sich und legt alsdann eine Lage Coldcream auf sein kleines, geliebtes Schnäuzchen. Er knöpft die Hosen auf (ein wenig nur ... Anstand), geht, man weiß nicht wohin, und ein wenig von diesem Zimtcoldcream verschwindet in den geheimnisvollen Tiefen des Cherubs.

Acht Uhr abends. Die riesige, die schöne Tutona zwitscherte in sein Zimmer. Ihr halboffnes Hemd ließ

geheimnisvolle Dinge voll herben Duftes ahnen, deren
Anblick einen ausgebrannten Greis neu entzündet hätte,
vor allem aber ihrem Liebling einheizte. Beide brannten
vor Liebe, suchten die höchste Lust. Es war eine herrliche Nacht.
Der Schlaf hatte unsre beiden schönen Leute seit einigen
Stunden umfangen, als die Milchwagen die nahende Stunde
des Marktes anzeigten.

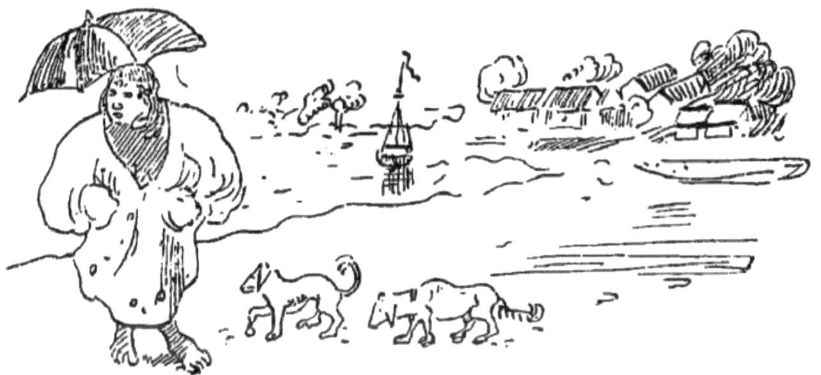

Die riesige Tutona erwachte, wollte rechts, wollte links
ihren Schatz umarmen. Jawohl! Sie fand ihn nicht.
Kreuztürken und Besenstiel! Kalter Schweiß über-
schwemmte ihre mächtigen Brüste, als sie ihren süßen
Liebling unter sich fühlte. Das gänzlich beschädigte In-
sekt gab kein Lebenszeichen mehr von sich. Was tun?
Alle viere von sich und kein Schnaps. – Und kein Glas
Likör. – Traurig legte Tutona das Insekt zwischen ihre
Brüste und trug ihn in seinen Palast. Der Arzt wurde
gerufen und stellte fest, daß das Insekt sich nicht wohl-
fühlen mußte. Der große Hippocrates selbst hätte nichts
Besseres vornehmen können als sein Schüler, der eine

Spritze mit Insektenpulver „Vicat" in die geheimnisvollen Tiefen einführte. Alsbald nämlich atmete das Insekt wieder.

Im Jahre X der 18. Ramses'schen Dynastie geschah all dieses.

Übersetzung o. G. v. G.

Ich verkehre im Café „Zur Großen Neun" auf dem Boulevard, alle verkehren da, die schöne arische Rasse spaziert vorbei. Im Café „Zur Großen Neun" auf dem Boulevard zeichne ich, schaue ich, höre ich unaufmerksam zu.. Im Café locken die Marmortische den Bleistift, die Spiegel vergrößern die Menge, wahllose Welt ist da. Auch zeichne ich ohne Wahl; alles ist schön, alles ist häßlich.

Sieh da! Ein Kopf, den ich kenne. Wo, zum Teufel, sah ich ihn? Eckig ist das Profil, und ich überlege, wer es sein kann. Halt, ich hab's. Ohne Trauer bescheide ich mich. Ich hielt mich für schöner. Wahrhaftig! In der „Großen Neun" fragt die Madame: „Was trinken Sie? Champagner, nich wah?" Ich bin bescheidener und antworte: „Geben Sie mir einen Pfefferminz." Sie trinkt aufgeputzt, eine schmuddlige Verbene, einen Schoppen. Auch hier strahlen die Spiegel die Gesichter von Männern und Frauen zurück. Es ist nicht schön. — Und ich sitze neben der Hetäre. Liebe verschönt, heißt es. Ich bemühe mich, davon überzeugt zu sein, aber mein Bleistift weigert sich unerbittlich. Wahrhaftig!

Häufig, sehr häufig regierten Neger, Halbneger, Viertelneger, ja Seeräuber in Kolonien, in denen sie nicht geboren wurden. Oft gebildet, klug sogar, bleiben sie Neger, Halbneger, Viertelneger, ja Seeräuber. Der gallische Hahn, der alte Herrscher, wird zum Sklaven und kräht nicht mehr sein früheres Kikeriki, König wird an seiner Statt der äthiopische Rabe und krächzt.

Allons enfants de la Patie, le jou . . . de gloi . . . e é pa . . . mi nous!

Während meines Aufenthaltes in Martinique bekam ein Neger, Halbneger, Viertelneger, ja Seeräuber Streit mit einem Bordelaiser und Beleidigungen fielen. Der Bordelaiser fordert ihn zum Duell, und unser Neger, Halbneger usw. nahm es an. Treffpunkt war die Zuckerrohrplantage. Die Zeugen waren auf beiden Seiten Quinbois, d. h. Glückbringer.

Am Platze bekam unser Bordelaiser Bauchgrimmen, entschuldigte sich und verschwand in der Zuckerrohrplantage, wo er die Hosen hinunterließ. Die Operation, (man muß es glauben), dauerte allzu lange, denn die ungeduldigen Zeugen kamen ihm zu Hilfe.

„Was?" rief unser Bordelaiser, „der Neger, Halbneger . . . ist noch nicht fort? Bestellt ihm: Bleibt er fünfzig Jahre stehn, werd' ich fünfzig Jahre sch . . ."

Die Bordelaiser lieben die Neger, Halbneger, Viertelneger, ja Seeräuber nicht.

Eine unpolitische Zeitung hätte in Tahiti kein Ansehn.
Wahlen in Tahiti sind gleichbedeutend mit Picpus gegen
den Berner Löwen. So bin ich denn, (wer hätte es gedacht),
Picpus geworden, um nicht Schweizer zu sein.
Auf der einen Seite: Schmutziger Pfaffe. Auf der anderen:
Elender Calvinistischer Sektierer. Nie in meinem Leben –
selbst als ich zur ersten Kommunion ging – war ich so
katholisch und hatte recht.
Wie, werdet ihr sehen.
So stand die Sache, als ich mir sagte, es wäre an der Zeit,
in ein einfacheres Land mit weniger Beamten zu ver-
duften. Und ich dachte daran, die Koffer zu packen und
nach den Marquesas zu reisen. Ins gelobte Land, das
Land, in dem man nicht wußte, wohin mit all dem Fleisch
und Geflügel, und zu deiner Leitung hie und da ein
Gendarm, sanft wie ein Merinoschaf.
Alsbald nahm ich leichten Herzens und vertrauensvoll
wie eine verbaute Jungfer das Schiff und landete ruhig in
Atuana, der Hauptstadt Hivaoas.
Erstaunlicherweise mußte ich meine Hoffnungen zu-
rückstecken. Die Ameise borgt nicht gern – dies ist ihr
geringster Fehler – und ich ähnelte einer Grille, die den
ganzen Sommer gesungen hatte.
Gleich anfangs erfuhr ich, daß kein Land zu kaufen
oder zu pachten wäre. Außer bei der Mission. Und auch
das sei zweifelhaft. Der Bischof war verreist, und ich
mußte einen Monat warten, meine Koffer und eine La-
dung Bauholz auf dem Strande.

Während dieses Monats ging ich, wie ihr euch denken könnt, jeden Sonntag in die Messe, gezwungen meine Rolle als Katholik und Gegner aller Protestanten durchzuführen. So befestigte ich meinen Ruf und Hochwürden, der meine Scheinheiligkeit nicht ahnte, war bereit mir (weil ich es wäre) zum Preise von 650 Frs. ein kleines Stück Land voll Kieseln und Gestrüpp zu verkaufen. Mutig ging ich ans Werk und dank der Hilfe einiger Männer, die ich durch die Protektion des Bischofs erhielt, war ich schnell eingerichtet.

Scheinheiligkeit hat ihr Gutes.

Mein Haus war gebaut, und ich dachte nicht mehr daran, mit dem protestantischen Pastor mich zu bekriegen, der im übrigen ein sehr wohlerzogener und liberaler junger Mann ist. Auch dachte ich nicht mehr daran, wieder zur Kirche zu gehen.

Da kam ein Huhn, und der Krieg brach aus.

Sage ich: ein Huhn, bin ich bescheiden; denn alle Hühner kamen ungeladen.

Hochwürden ist ein Karnickel, während ich ein alter, hartnäckiger und ziemlich heiserer Hahn bin.

Sagte ich: Der Karnickel hat angefangen, würde ich die Wahrheit sagen. Mich zum Keuschheitsgelübde verdammen wollen. Das ist zu stark — nichts zu machen, mein Schatz.

Zwei herrliche Rosenhölzer abzuschneiden und sie auf Marquesas-Manier zu schnitzen, war ein Kinderspiel. Das eine stellte einen Teufel mit Hörnern dar (Vater

Paillard). Das andre eine reizende Frau mit Blumen im Haar. Es genügte, sie Therese zu benamsen, und alle ohne Ausnahme, die Schulkinder selbst, erkannten darin eine Anspielung auf diese so berühmte Liebesgeschichte.

Ist sie Legende — ich zumindest erfand sie nicht.

Mein Gott, was sind das für Klatschgeschichten und kehre ich jemals nach Paris zurück, kann ich ohne weiteres mich als Portier vermieten und jeden Morgen das Feuilleton des kleinen Journals lesen.

Im übrigen ist hier jede Unterhaltung unmöglich, wenn man nicht klatschen oder zoten will: Von der Wiege an hält das Kind sich auf dem laufenden. Es ist wahrhaftig immer dasselbe, wie das tägliche Brot.

Nicht immer geistreich sein! Denn der blühende Unsinn erholt von der künstlerischen Arbeit und erfrischt den Körper. — Unbestreitbar verkaufen auch die Frauen den Geist für den Leib. — Und dann schützt es euch vor der langweiligen Moral und der häßlichen Scheinheiligkeit, die die Menschen so böse machen.

Eine Apfelsine und ein Seitenblick genügen.

Die Apfelsine, die ich meine, schwankt zwischen ein und zwei Frcs. Es lohnt wirklich nicht, sie zu entbehren. Bequem kann man den kleinen Sardanapal spielen, ohne sich zu ruinieren.

Der Leser muß unbedingt die Idylle suchen, denn es gibt kein Buch ohne eine Idylle. — Aber ...

Dies ist kein Buch.

Ich fragte den eingebornen Dolmetscher: „Mein Junge,
wie sagt Ihr in der Marquesassprache: eine Idylle." Und
er gab mir zur Antwort: „Sie sind aber spaßig." Weiter
forschte ich und sprach: „Und welches ist das Wort für
Tugend?" Und lachend erwiderte der gute Bursche: „Sie
halten mich wohl für einen Trottel?"
Der Pastor selbst erzählt, es sei Sünde. —
Und die Frauen gleich erstaunten Rehen mit samtenen
Augen scheinen zu sagen: „'s ist nicht wahr." Eine Pa-
riserin würde sagen: „Rede nur immer zu."
Ich weiß wohl, daß die beurlaubten Beamten euch dort
in Paris und in der Provinz Wunderdinge berichten.
Glaubt ihnen kein Wort: Hier sind die Biester natürlich.
Ohne, daß man es ihnen anmerkt, erkennen sie, daß
unsere Helme lächerlich sind, und daß wir, obschon wir
uns des Gegenteils rühmen, rechte Schweine sind.
„Sie versprechen," sagen sie, „aber sie halten es nicht."
Anders ausgedrückt: „Sie beißen nicht an."
Abgesehen davon, pfeifen sie auf uns. Rutscht uns den
Buckel runter. —

Solltet Ihr jemals im Helder oder einem anderen Loch
einem Gouverneur namens Ed. Petit begegnen, seid voll
Bewunderung für ihn, denn er ist ein doller Kerl.
Stellt euch vor: Zahlmeister an Bord des Hugon kam er
einstmals nach den Marquesas, heiratete wie Loti reichlich oft, und stolz auf eine dieser Ehen, beschloß er, sich
den Kopf seiner Schwiegermutter zu leisten, die einige

Zoll unter der Erde in der reizenden, Taoata zubenannten Insel residierte.

Man scharrte, grub aus, und wie unser Zahlmeister den berühmten Kopf forttragen wollte, rief der Schwiegervater: „Wieviel Piaster?"

„So was hat keinen Preis", erwiderte unser geistvoller Zahlmeister. Niemand ist eigensinniger als ein Schwiegerpapa, wenn er Piaster will, und der berühmte Kopf kam wieder in seine ewige Wohnung.

Zufällig säte unser Zahlmeister wie Däumling Kiesel auf den Weg und raubte nachts den begehrten Kopf.

Der Missionar (Nigie läßt nichts durchgehen) setzte eine schriftliche Beschwerde auf und der Kommandant des Hugon hielt in voller Wut unserem Zahlmeister einen Vortrag, daß eine Schwiegermutter (so was ist heilig) ...

Auf der Kolonialschule fragte man ihn während seines Examens:

„Wie balanciert man ein Budget?"

„Nichts einfacher als das. Man ruiniert es."

Geht und kolonisiert!

Ein amerikanisches Blatt bringt die Nachricht, daß der ermordete Präsident Mac Lean nach Ansicht der Ärzte mangels Lebensfähigkeit gestorben ist.

Hier stößt einem eine juristische Frage auf: Ist Mangel an Lebensfähigkeit nicht ein Formfehler, und hätte man in diesem Fall nicht Aussicht, in der Berufungsinstanz zu gewinnen?

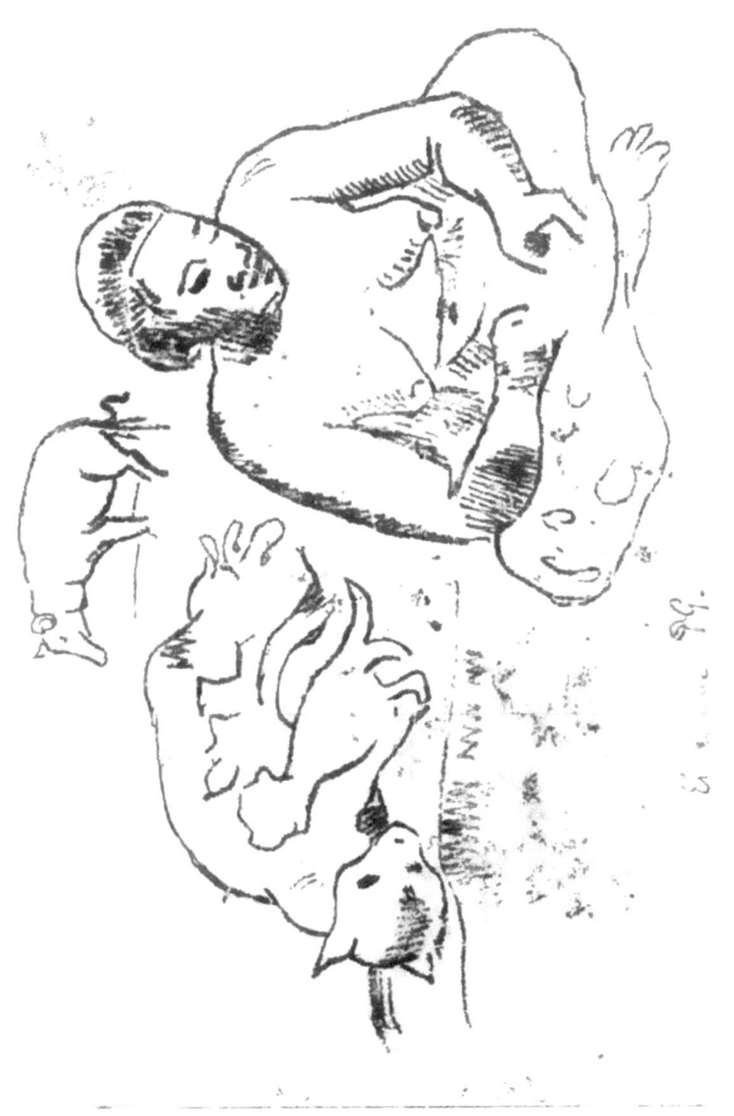

Dieser außerordentliche, Ed. Petit benamste Gouverneur, berichtet dem Minister:

„Die Bevölkerung stirbt auf den Marquesas zusehends aus. Wäre es nicht angängig, uns den Überfluß von Martinique zu schicken?"

Solches nach der Erdbebenkatastrophe aufgesetzt.

Es erinnert ein wenig an jenen Adjutanten, der zum Kaiser Napoleon I. kam:

„Majestät! Hunderttausende erwarten Sie unten. Wär's nicht möglich, sie über die kleine Geheimtreppe heraufkommen zu lassen?" — Antwortete Napoleon: „Lassen Sie sie nähertreten, mein Lieber."

Begegnet ihr jemals im Helder oder einem anderen Loch, selbst in den Folies-Bergères Ed. Petit, sagt ihm, seinesgleichen fände man nicht.

GOTT, den ich so oft beleidigte, hat mich diesmal verschont: im Augenblick, wo ich diese Zeilen niederschreibe, hat ein ganz ungewöhnliches Gewitter fürchterliche Verheerungen angerichtet.

Seit vorgestern Nachmittag nahm das Unwetter, das sich seit einigen Tagen auftürmte, bedrohliche Formen an. Seit acht Uhr abends heulte der Sturm. Ich saß in meiner Hütte allein und erwartete mit jedem Augenblick ihren Zusammensturz. Von allen Seiten krachten die ungeheuren Bäume, die in den tropischen Ländern nur kurze Wurzeln in ein Erdreich treiben, das einmal aufgeweicht keinen Halt mehr bietet, und stürzten mit dumpfem Lärm zu Boden. Hauptsächlich die Minoren (ein Brotbaum mit sehr brüchigem Holz). Böen erschütterten das leichte Dach aus Kokosnußblättern, drangen durch alle Ritzen, machten es mir unmöglich, die Lampe in Brand zu halten. Würde mein Haus mit allen meinen Zeichnungen, ein durch zwanzig Jahre angehäuftes Material, vernichtet, bedeutete das meinen Ruin.

Gegen zehn Uhr machte ein ständiges Geräusch wie das eines zusammenstürzenden Steingebäudes mich aufmerken. Ich hielt es nicht mehr aus und trat aus meiner Hütte. Meine Füße standen alsbald im Wasser.

Ich bemerkte beim blassen Licht des eben aufgegangenen Mondes, daß ich nicht mehr und nicht weniger als mitten in einem Gießbach stand, der die Kiesel mit sich spülte und an den Holzpfosten meiner Hütte sich brach. So blieb mir nur, den Entschluß des Schicksals abzuwarten, und ich fügte mich. Es war eine lange Nacht.

Beim ersten Morgengrauen steckte ich die Nase heraus. Welch erstaunlichen Anblick boten in dieser weiten Wasserfläche die Granitblöcke, diese ungeheuren Baumstämme, von denen man nicht wußte, woher sie kamen, Die Straße, die an meinem Grundstück vorbeiführte, war in zwei Stücke gerissen worden, so daß ich auf einer kleinen Insel weniger angenehm als der Teufel im Weihbecken eingesperrt saß.

Man muß wissen, daß das sogenannte Atuanatal an gewissen Stellen, wo die Berge wie Mauern aufsteigen, eine sehr enge Schlucht bildet. In Fällen wie diesem nun stürzte alles Wasser von den Hochflächen in den Bach herunter. Die stets wenig geistvolle Verwaltung hat just das Gegenteil vom Notwendigen veranlaßt. Anstatt den Abfluß des Hochwassers zu erleichtern, hat sie im Gegenteil überall Steindämme aufgeführt. Überdies läßt sie an den Ufern, selbst mitten im Bett Bäume wachsen, die selbstverständlich vom Wasser umgerissen werden, ebensoviel Instrumente der Zerstörung bilden und alles auf ihrem Wege umwerfen. In diesen heißen und armen Ländern sind die Häuser leicht gebaut und ein Nichts wirft sie um: Soviel Elemente des Unheils. Bedeutet Vernunft denn gar nichts, daß man sie derart auf den Kopf stellt? Schon handelt es sich nur noch darum, summarisch alle Löcher zuzustopfen, die der Bach aufgerissen hat. Aber Brücken!! Wo bleibt das Geld? Ewige Frage! Wo bleibt das Geld?

Man soll uns einfache Kolonisten unsere Angelegenheiten selbst regeln, unsere Fonds zu nützlichen Arbeiten verwenden lassen, anstatt all diese unverschämten und mittelmäßigen Beamten zu unterhalten. Dann wird man sehen, was aus einer kleinen Kolonie werden kann. Ich betone ... einer kleinen Kolonie, wie es die Marquesas sind.

Meine Hütte hat standgehalten und langsam will ich versuchen, die Schäden gutzumachen. Aber wann kommt die nächste Überschwemmung?

Das Journal des Voyages (autorisierte Autoren) und Elisée Reclus' Geographiebuch haben euch die Marquesas mit ihren unzugänglichen Küsten, ihren steil abschüssigen, granitenen Bergen beschrieben. Ich will nichts eignes hinzufügen, es wäre nicht wissenschaftlich.

Ich will euch von den Marquesiern erzählen, was heutzutage nicht einfach ist.

Nichts Pittoreskes mehr zu finden. Bis auf die Sprache, die heute durch all die schlecht ausgesprochenen französischen Worte verdorben ist: Un cheval (chevalé), un verre (verra) usw.

Man scheint in Europa nicht zu ahnen, daß es sowohl bei den Maoris Neu-Seelands als auch bei den Marquesiern ein sehr fortgeschrittenes Kunstgewerbe gab. Der feine Herr Kritiker irrt, wenn er alles dieses für eine Art Papuakunst hält.

Besonders der Marquesier hat einen außerordentlich kunstgewerblichen Sinn.

Gebt ihm einen Gegenstand in irgendeiner geometrischen Form, selbst einen mit Ausbuchtungen, es wird ihm gelingen — und dies in der Ganzheit harmonisch — keine störende oder unzusammenhängende leere Stelle stehen zu lassen. Der menschliche Körper oder das Gesicht bilden die Grundlage. Hauptsächlich das Gesicht. Man ist erstaunt, da ein Gesicht zu finden, wo man eine merkwürdige geometrische Figur vermutete. Immer das Gleiche und doch niemals dasselbe.

Man kann heute selbst gegen Gold nicht mehr diese

schönen Gegenstände aus Bein, Schildpatt und Eisenholz finden, die sie ehemals herstellten. Die Gendarmerie hat alles gestiebitzt und an Sammler verkauft, während es der Verwaltung (und es wäre ihr ein Leichtes gewesen,) nicht einen Augenblick einfiel, in Tahiti ein Museum für die gesamte Oceanische Kunst zu errichten.

All diese Leute, die sich doch für so weise halten, ahnten keinen Augenblick den Wert der Marquesischen Künstler.

Keine der einfachsten Beamtenfrauen hat nicht vor diesen Dingen geschrien: „Pfui, wie scheußlich. Das sind Wilde." Das sind Wilde. Ihr zweites Wort.

In veralteten Moden, Klöße vom Kopf bis zu den Füßen, gemein in den Hüften, mit schlechtsitzenden Korsetts, Talmischmuck, drohenden oder wurstigen Ellenbogen verunstalten sie ein Fest in diesem Lande. Aber sie sind Weiße und ihr Bäuchlein quillt.

Die farbigen Einwohner sind sehr elegant. Der Herr Kritikus irrt erheblich, nennt er sie verächtlich ... Neger-weiber. — Oder ich irrte, als ich sie beschrieb, sie auch zeichnete.

Der eine sagt: „Es sind Papuanerinnen," der andere: „Es sind Negerweiber." Wahrhaftig, derlei läßt mich ernst-lich an meinem Wert als Künstler zweifeln.

Loti! Du lieber Himmel, wie reizend!

Wir wollen für einen Augenblick diese Rasse in meinem Sinne wiederherstellen und sie die Maorische Rasse nennen. Später bleibt es einem anderen, der mehr oder weniger

Photograph ist, überlassen, sie mit einer zivilisierteren und wahreren Art zu beschreiben und abzumalen.

Wohlbedacht sage ich: Sehr elegant. Jede Frau macht ihr Kleid, flicht ihren Hut und putzt ihn mit Bändern auf eine Art, daß sich jedwelche Pariser Modistin ein Beispiel daran nehmen kann, stellt Blumensträuße mit ebensoviel Geschmack wie auf dem Boulevard de la Madeleine zusammen. Graziös wogt ihr hübscher Körper ohne Schnürung unter Spitzenhemd und Musselin. Aus den Ärmeln kommen meist aristokratische Hände. Dagegen stören uns breite und stämmige Füße ohne Stiefel. Doch kurze Zeit nur. Später würden uns die Stiefel stören. Noch ein ander Ding empört manche Zieraffen auf den Marquesas, nämlich, daß all diese jungen Mädchen Pfeife rauchen. Das Kalumet vermutlich für die, die in allem die Wildheit suchen.

Wie dem auch sei, trotz allem und gegen alles, selbst, wenn sie es wollte, kann die Maori-Frau nie aufgeputzt und lächerlich sein. Weil ihr der Sinn für das dekorativ Schöne innewohnt, das ich an der marquesischen Kunst, nun ich sie studierte, bewundere. — Und wäre es dies eine nur? Besagt es denn gar nichts, wenn ein hübscher Mund beim Lächeln ebenso schöne Zähne zeigt? Negerweiber das? Welch ein Unsinn!

Und dieser reizende, dem Korsett so feindliche Busen mit seiner rosa Spitze. Was die Maori-Frau von allen Frauen unterscheidet und es so häufig möglich macht, sie mit dem Mann zu verwechseln, sind die Proportionen des Körpers. Eine Diane chasseresse mit breiten Schultern und schmalen Hüften.

So dünn der Frauenarm auch sein mag, die Knochen treten wenig hervor, er hat eine weiche und hübsche Linie. Haben Sie je auf einem Ball die jungen Mädchen des Okzidents beobachtet, mit Handschuhen bis zum Ellenbogen, dünnen Armen, Überellenbogen, häßlich in einem Wort, mit Unterarmen, die dicker als die Oberarme sind?

Ich habe absichtlich Frauen des Okzidents gesagt, denn der Arm der Maori-Frauen gleicht dem aller orientalischen Frauen — freilich ist er ein wenig stärker.

Beachteten Sie auch im Theater die Beine der Statistinnen. Diese ungeheuren Schenkel, nur die Schenkel, das ungeheure nach innen gekehrte Knie. Vermutlich kommt das von einer übertriebenen Spreizung des Ansatzes des Schenkelknochens.

Während bei der orientalischen und bei der Maori-Frau vornehmlich das Bein von der Hüfte bis zum Fuß eine hübsche gerade Linie bildet. Der Schenkel ist sehr stark aber nicht in der Breite, was ihn sehr rund erscheinen läßt und diese Spreizung verhindert, die bei uns zu Lande einigen Anlaß zum Vergleich mit einer Pinzette gegeben hat.

Ihre Haut ist goldgelb. Dem einen gefällt's, ein anderer findet es häßlich. Aber ist das ganze Übrige, vor allem, wenn es nackt ist, wirklich so häßlich? Und es verschenkt sich für beinah umsonst.

Eins freilich stört mich auf den Marquesas: diese übertriebene Vorliebe für Parfüms. Denn der Kaufmann verkauft ihnen ein abscheuliches Moschus und Patschuliparfüm. Wenn all diese Parfüms sich in der Kirche vermischen, sind sie nicht auszuhalten. Aber auch hieran haben die Europäer schuld.

Nie aber werdet ihr Lavendelwasser riechen, weil es der Eingeborene, dem kein Tropfen Alkohol verkauft werden darf, sobald er seiner habhaft werden kann, austrinkt.

Kehren wir zur Marquesischen Kunst zurück. Diese Kunst ist dank den Missionaren verschwunden. Die Missionare haben gefunden, daß Schnitzen und Schmücken Fetischismus wäre und den christlichen Gott beleidigen hieße.

Hieran liegt alles, und die Unglücklichen haben sich gefügt.

Die neue Generation singt von Kindesbeinen an in einem unverständlichen Französisch Choräle, sagt den Katechismus auf und noch ... Nichts! Ihr versteht!

Hat ein junges Mädchen Blumen gepflückt und kunstvoll sich einen hübschen Kranz gewunden und ihn auf's Haar gedrückt, ärgern sich Hochwürden.

Bald wird der Marquesier nicht mehr fähig sein, auf eine Kokospalme zu klettern, unfähig, in die Berge zu steigen, um sich dort zu seiner Nahrung wilde Bananen zu pflücken.

Das Kind, das man in die Schule einschließt, das körperliche Übungen entbehrt, immer bekleidet geht (Anstandsfrage), verzärtelt sich und wird unfähig, die Nacht im Gebirge zu vertragen. Alle fangen an, Stiefel zu tragen,

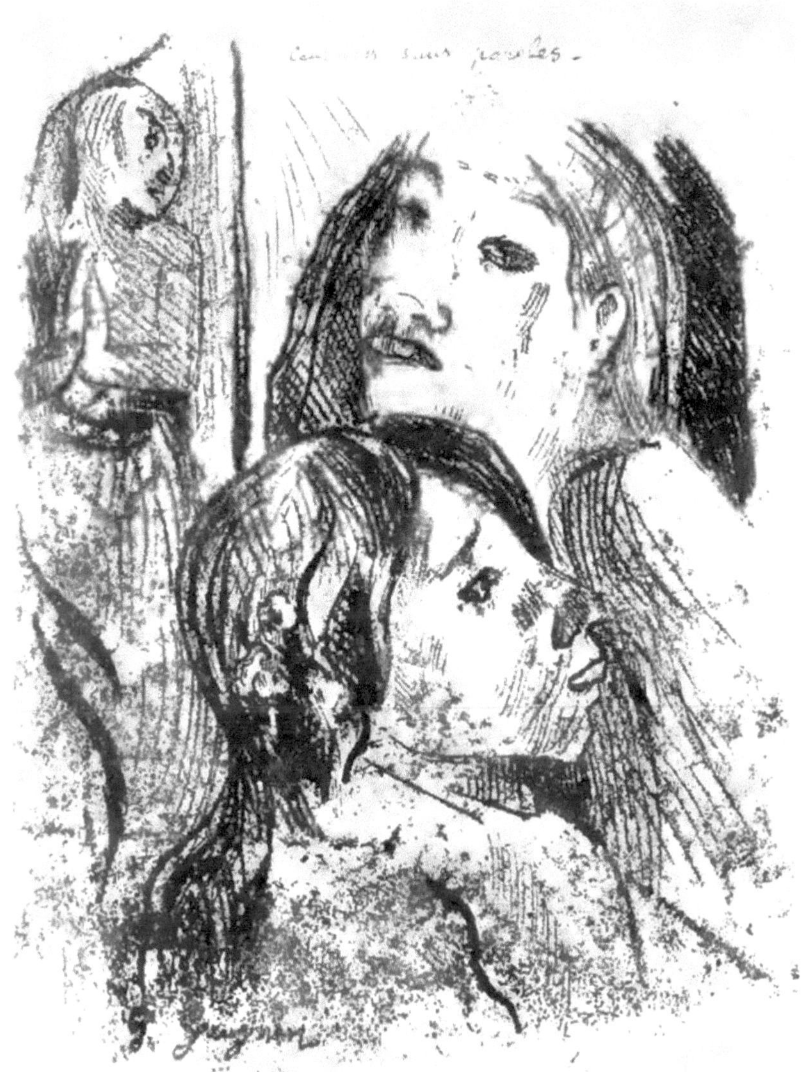
l'amour sans paroles.

ihre Füße, die nun verweichlichen, werden die steinigen Pfade nicht mehr gehen, nicht mehr die Bäche auf den Kieseln durchqueren können.

Darum betrachten wir das traurige Schauspiel dieser aussterbenden, meist lungenkranken Rasse, mit unfruchtbaren Hüften und die Eierstöcke durch Quecksilber zerstört.

Dieser Anblick lenkt meine Gedanken, eher meinen Traum, zu jenem Augenblick hin, wo alles im Schlaf des ersten Zeitalters aufgesaugt, vernichtet und verschlafen ruhte: im Keime.

Die unsichtbaren Anfänge, die damals unbestimmbar und unbeobachtbar waren, die alle infolge der Urträgheit ihres Wirkungsvermögens nicht sichtbar oder sehend handelten, ohne aktive oder passive Wirklichkeit, ohne Zusammenhang, gaben dadurch selbst offenbar nur ein Bild der gesamten leblosen, ausdruckslosen, aufgelösten, auf ein Nichts zurückgebrachten und in die Unendlichkeit des Raumes gestürzten Natur. Natur, die, ohne jegliche Form, gleichsam leer, von Schweigen und Nacht durchdrungen scheinen mußte wie ein namenloser Abgrund: so war das Chaos, das uranfängliche Nichts. Nicht das des Seins, wohl aber des Lebens, das später man des Todes Reich heißt, wenn das Leben, das ihm entstammte, zu ihm zurückkehrt.

Und mein Traum wagt sich mit der Kühnheit des Unbewußten an viele Fragen, an die mein Bewußtsein nicht zu rühren wagt. Plötzlich stehe ich auf der Erde und sehe inmitten seltsamer Tiere Wesen, die wohl Menschen sein könnten. Und ähneln uns doch so wenig. Furchtlos trete ich auf sie zu, flüchtig, ohne Staunen betrachten sie mich. Ein Affe nebenan schien weit erhabener.

Ich ziehe aus der Tasche ein Geldstück und biete es einem der Beiden an. Nichts Klügeres fand ich im Augenblick. Das Wesen ergreift es, führt es zum Munde, um es dann ohne Zorn fortzuwerfen. Hat er gedacht? Ich wage es nicht zu hoffen.

Von Zeit zu Zeit entströmen wie aus einer Höhle seiner Kehle rauhe Töne.

Und in meinem Traume naht mir lächelnd ein weißgeflügelter Engel. Ein Greis mit einer Sanduhr in der Hand folgt ihm.

„Unnötig mich zu fragen," spricht er, „ich kenne deine Gedanken. Erkenne, daß diese Wesen Menschen sind, wie du einst es warst, als Gott dich zu schaffen begann. Bitte den Greis, dich später in die Unendlichkeit zu führen, du wirst sehen, was Gott aus dir machen will und finden, daß du heute merkwürdig unfertig bist. Was wäre des Schöpfers Werk, wäre es eines Tages Werk? Gott ruht niemals."

Der Greis verschwand, und als ich erwachend die Augen zum Himmel aufschlug, sah ich den weißgeflügelten Engel zu den Sternen auffahren. Sein langes, blondes Haar hinterließ am Firmament gleichsam einen Streifen von Licht.

Laßt mich euch von einer ständigen Redensart berichten, die hier gebraucht wird und geeignet ist, mich nervös zu machen: „Die Maori stammen von den Malaien ab."

Auf den Schiffen, die den Stillen Ocean durchqueren und bei ihrer Landung erklären dir die stets gelehrten Beamten: „Mein Herr, die Maori stammen von den Malaien ab."

„Aber warum denn nur", ruft ihr aus.

Es gibt kein Warum. Es ist das von allen Photographen gesehene, durchgesehene und verbesserte Klischee.

Wage es nicht, beobachtender Maler, und mucke auf. Man steinigt dich.

Oder aber, kennt man das Klischee nicht, behauptet der eine: „Es sind Papuaner," der andere: „Es sind Neger."

Wann fand die Sintflut statt? Nur die Bibel wagte es, sie zu bestätigen.

Von den höchsten Bergen haben die Wasser sich zurückgezogen, unser schönes Frankreich ist dem Meere entstiegen.

Das Wasser auf der anderen Seite hat Oceanien überflutet. Macht nichts. Nur das Malaienland hat Menschen geliefert. Das alte oceanische Festland fabriziert Menschen? Pfui Teufel!

Wann begannen die Menschen auf unserer Weltkugel zu leben? Gleichviel, da ich euch sage, daß einzig die Malaien ... Wann hat der Geist, von seiner Tierhaftigkeit befreit, einige rohe Anfänge gezeitigt und infolgedessen einige Ansätze zur Sprache gemacht, zu der die ersten rauhen Gaumenlaute den ersten Grundstoff lieferten?

Könnte man, wenn wir nachdenken, nicht annehmen, daß die erste Art der Überlegung sowohl als der Sprache die gleiche war, fast die gleiche? Nichts Außergewöhnliches also, daß alle Luftikusse dieser Welt das Lied von Jeanettens Hochzeit singen. Nichts Außergewöhnliches, daß man also später, viel später, ebenso wie auf den Malaien, so auch in Afrika, Australien usw. die wenigen Urworte wiederfindet, die der primitive Mensch gemäß seiner Gaumenbildung aussprechen konnte. Desgleichen die Art zu denken.

Vor allem und für alle Dinge hat der Mensch das denken müssen, was er sieht, was er berührt, was er fühlt. Dann den Wunsch zu Nehmen mit Bezeichnung des Ichs und das Mittel zum Nehmen, nämlich die Hand. Daher das Wort rima oder lima, das „Hand" bedeutet, und das man in fast allen Sprachen bei den Malaien wie überall anders, mehr oder weniger in der Aussprache verändert, wiederfindet. Ähnelt das lateinische Wort „rama" ihm nicht? Ebenso die Zahl V, die eine Hand und X, die zwei Hände darstellt? Zu allen bekannten Zeiten haben die Wilden die Elle zum Messen gebraucht, ebenso den Fuß.

Es ist wie mit dem gestohlenen Briefe Edgar Poes. Unser moderner Geist kann, in die Einzelheiten der Analyse verloren, nicht die allzu einfachen und allzu ersichtlichen Dinge erkennen. Wie in der Bibel steigt der mensch-

liche Geist nach oben und nach unten. Ganz tief unten
können wir nicht sehen, und es gelingt uns trotz allen
Suchens nicht, die Denkungsart der Tiere zu durch-
schauen; wenn z. B. Schwalben es fertigbringen, an
ihren Geburtsort zurückzukehren. Bald durch ihr Bellen,
bald durch Schwanzwedeln drücken die Hunde ihre
Gefühle aus.

Wir ziehen uns freilich mit einer Redensart: „Instinkt"
aus der Affäre.

Diese Sprachforschung war eine der großen Angelegenheiten, die zu dem Klischee: „Malesien — Maorien" geführt haben.

Besser nichts zu wissen, als verkehrt zu wissen.

Und ich möchte betonen, daß für mich die Maori keine
Malaien, Papuaner oder Neger sind.

Wenn ihr auf den Marquesas ankommt und diese Täto-
wierungen, die den Körper und das ganze Gesicht be-
decken, seht, sagt ihr euch, daß das schreckliche Burschen
sein müssen. Und dann waren sie Menschenfresser.

Ihr irrt durchaus.

Der marquesische Eingeborene ist kein schrecklicher
Bursche. Er ist im Gegenteil sogar ein kluger Mann,
völlig unfähig, eine Gemeinheit auszuhecken. Sanft bis
zur Dummheit und schüchtern jedem Befehlenden gegenüber. Man sagt, daß er Menschenfresser war und bildet
sich ein, daß er's nicht mehr ist. Dies ist irrig. Er ist es
noch ohne Wildheit. Er liebt Menschenfleisch, wie ein

Russe Kaviar, ein Kosak eine Wachskerze liebt. Fragt einen verschlafenen Greis, ob er Menschenfleisch liebe, und er wird alsbald munter, blitzenden Auges und unendlich sanft euch antworten: „O, wie schmeckt es gut."

Natürlich gibt es einige Ausnahmen, aber derart ausnahmsweise, daß sie alle anderen höchst entsetzen.

Von dem alten Vater Orans, der erst kürzlich verstorben ist, habe ich mir eine Geschichte erzählen lassen, die euch vielleicht interessieren wird. Der Missionar, Vater Orans, wanderte, jung noch damals und guter Dinge, auf einer Straße gen einen Distrikt, wo er zu tun hatte. Es folgten ihm einige schlechte Teufel (die Ausnahmen, von denen ich eben erzählte), und dekretierten, daß der Missionar völlig in dem Zustand sei, in dem man ihn verspeisen könnte. Und schon wollten sie ihren Plan ausführen, als der Vater Orans, der gute Ohren hatte, jäh sich umwandte und sie mit äußerster Kaltblütigkeit nach ihren Wünschen fragte.

Der eine von ihnen bat eingeschüchtert wie sie alle, ob er Feuer für seine Pfeife hätte. Der Missionar holte ein großes Brennglas aus der Tasche und machte mit dem Saum seiner Soutane Feuer. Über die Macht des Weißen verwundert, verneigten sie sich demütig. Aber das Brennglas wurde dem Eingeborenen zu eigen.

Eine andere Geschichte – jüngeren Datums:

Ein junger, vermutlich von den Frauen berückter Amerikaner, ging von seinem Schiff an Land und blieb auf den

94

Marquesas. Er lebte in einem Distrikt von Hivatroa und versuchte — die Notwendigkeit zwang ihn — ein wenig Handel auf fremde Rechnung zu treiben. Eines schönen Tages hatte er den unglückseligen Einfall, von Atuana mit einem sichtbar am Sattelknopf befestigten Beutel voll Piastern heimzukehren. Die Nacht war nahe; er verschwand. —

Der Verdacht fiel alsbald auf einen Chinesen, und wie denn der Gendarm in allen Dingen ein ganz Schlauer ist, sagte er: Der war es, — und das genügte. Erst nach drei Monaten, d. h. nach drei Kurieren, kam die Hermandad mit dem Chinesen und einigen Zeugen nach Papeete zurück. Selbstverständlich wurde der Chinese ohne weiteres freigesprochen.

Dies Wort: „Selbstverständlich" bedarf der Erläuterung.

Wenn es sich um ein Verbrechen handelt, geht es auf den Marquesas in der Regel so vor sich: Der Gendarm leitet mit hohlem Kopf und immer abwegig die Untersuchung ein, welches auch immer die Winke verständiger Menschen der Nachbarschaft sein mögen. Lange hinterher erscheint der Untersuchungsrichter und seine Ansicht gleicht alsbald der des Gendarmen. Übrigens sind die Maßnahmen auf den Marquesas nicht bequem.

Die Eingeborenen machen es sich zur Regel, ihr Verhalten nach der Angst einzurichten, die die Bösewichter ihnen einjagen. Wollte ein einziger sich dieser Regel nicht fügen, wäre er alsbald zum Tode verurteilt. Ist ein

Verbrechen begangen, wissen alle Bescheid, aber vor Gericht weiß keiner etwas.

Die Zeugen verwirren die Angelegenheit. Ihre stets schlecht verdolmetschte Sprache macht es ihnen sehr leicht. Dann verstehen sie es mit bemerkenswerter Klugheit und unerschütterlicher Kaltblütigkeit alle Widersprüche aufzuklären: „Aber warum hast du vorhin das gesagt und sagst jetzt gerade das Gegenteil?“

„Weil das Gericht mir angst macht, und wenn ich Angst habe, weiß ich nicht, was ich sage.“

Sie sind zwei, beschuldigen sich gegenseitig und antworten unterschiedlos: „Ich klage meinen Nachbarn an, weil, wenn ich es nicht tue, der Richter sagen wird, ich sei es gewesen.“

Ich erinnere mich folgender Naivität eines Gerichtshofpräsidenten in Papeete.

„Dolmetscher, sagen Sie diesem Mann, daß er sehr verständig alle meine Fragen beantwortet. Hat er denn an all meine Fragen gedacht, ehe er sie gehört hat.“

A. „Der Mann sagt, er verstünde nicht, warum man ihn das fragte, und er antworte, wie er könne.“

Aber um zu unserem Chinesen zurückzukommen, war es für jeden nachdenklichen Menschen, der die Sitten der Eingeborenen kennt, einleuchtend, daß dieser Chinese sein Verbrechen nicht allein ausführen und vor allen Dingen nicht trotz der Nähe des Meeres den Leichnam hätte verschwinden lassen können. Dazu ist ein Chinese zu schlau, denn er weiß (die Götter der Maori sind

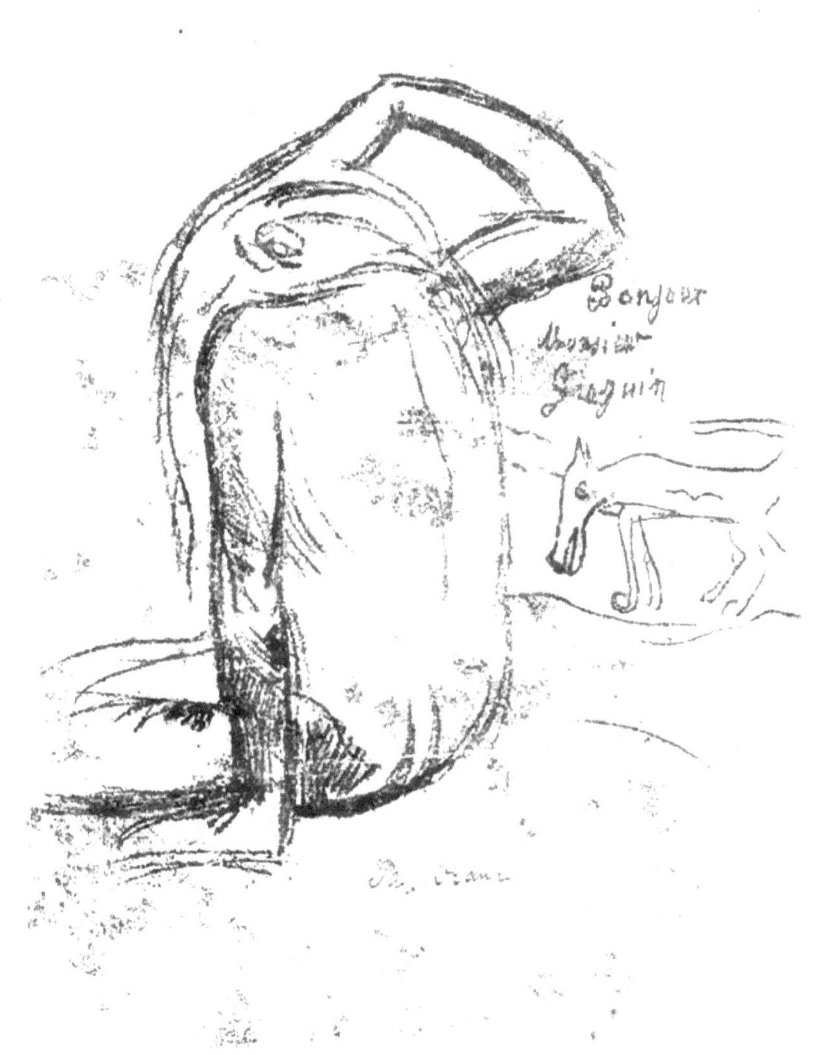

Bonjour
Monsieur
Gauguin

vielleicht allgegenwärtig jedem Geschehen), daß nichts ohne Wissen der Eingeborenen getan werden kann, und daß er als Fremdling alsbald angezeigt werden würde.

Es war also einleuchtend, daß der Chinese Komplicen haben mußte, zumal der Liebhaber einer seiner Töchter unter den bösen und verbrecherischen Ausnahmen bekannt war. Aber der Gendarmeriewachtmeister wollte nichts hören.

Dies also war nach allen Nachrichten, die man mir wie jedermann hatte zukommen lassen, geschehen. Alle bis auf eine sind übereinstimmend. Über Zeit und Ort des Verbrechens gehen verschiedene diesbezügliche Versionen, aber ich mutmaße, daß es absichtliche Widersprüche sind.

Sobald er in den Distrikt nahe seiner Hütte gelangt war, wurde der berühmte Piasterbeutel bemerkt und unser junger und entschlossener Amerikaner, vertrauensselig wie die Jugend im allgemeinen, war nicht vorsichtig genug, ihn zu verstecken.

Unser junger Amerikaner soll durch einen heftigen Stockschlag in den Nacken getötet worden sein, ganz wie es eine Guillotine tun würde.

Es waren zwei, der Chinese und sein Schwiegersohn. Diese sollen sich um die Teilung der Piaster geprügelt haben.

Dann sollen der Schwiegersohn und zwei weitere Eingeborene ihrer Gefräßigkeit sich hingegeben haben. Der Amerikaner wurde verspeist. Ich übergehe eine Menge

Einzelheiten, die für die Wichtigkeit dieses Berichtes nicht von Belang sind.

Hier wird der Leser mir eine Frage stellen, die ich alsbald beantworten will:

F. Warum wird, wenn alle diese Vorgänge jetzt bekannt geworden sind, der Fall nicht bezüglich aller Komplicen wieder aufgenommen?

A. Weil augenblicklich alles verstummen würde und weil all diese bekräftigten Berichte zur Fabel würden, die man erfunden hätte, um diese leichtgläubigen Europäer auszulachen.

Die Sprache der marquesischen Eingeborenen ist recht arm und man weiß, daß sich der Eingeborene demzufolge übt, geschickt Umschreibungen zu gebräuchen. Erscheinen so zum Beispiel die Gendarmen auf der Suche nach Aussagen, dann unterhält man sich sehr sichtlich ohne Scheu weiter.

Sagt der eine: „Ich glaube, der Mond wird sehr hell sein, und infolgedessen wird man keine Fische fangen."

Das heißt: „Obacht, seien wir dunkel, hüten wir uns vor der Mondhelligkeit."

Die Europäer machen sich keinen Vers darauf. Und täten sie's, wie unsicher würden sie werden.

In Oceanien sagt eine Frau: „Ich kann nicht wissen, ob ich ihn liebe. Ich habe noch nicht bei ihm geschlafen." Besitz gilt Titel.

In Europa sagt die Frau: „Ich liebte ihn, aber seitdem

ich bei ihm geschlafen habe, liebe ich ihn nicht mehr." Noch eine andere sagt: „Ich liebe ihn nur, wenn er da ist."

Wenn eine Frau selbst zehn Minuten vor der Hochzeit sich nicht hingeben will, könnt ihr sicher sein, daß sie sich verkauft.
Aber sie hat kein Vertrauen. — Dann ist es an dir, kein Vertrauen mehr zu haben.

Eine reiche Frau läßt sich von ihrem Diener ein Kind machen. Noch einer, der sein Kind im Stich läßt. Arme Frau! Soviel! Und der Diener sagt, er sei im Stich gelassen worden.

Eine ein wenig verrückte Frau erklärt, daß sie nicht heiraten wolle, um ihr Kind für sich allein zu haben = Egoismus der Mutterliebe.

Es ist sehr einfach zu sagen: Dies gehört mir, aber wieviel kostet es zu sagen: Das gehört dir.

F. Wie? Sie haben jemanden ertrinken sehen und sind ihm nicht zu Hilfe geeilt!
A. Aber er hat mich doch nicht darum gebeten.

Maximen! Sie haben keinen praktischen Wert, sind gut zum Schwatzen und zur Behauptung: „Sieh da, ein Philosoph."

Schenken können = ausgezeichnet!

Sich beschenken lassen können = noch besser!

Ah! Die Eitelkeit des Geldes!

Willen haben heißt: ihn haben wollen.

Man sagt: „Papas Junge." Die Kinder sind für die Fehler ihrer Eltern nicht verantwortlich. Ich besitze keinen Pfennig, das ist der Fehler meines Vaters.
Und im Liede heißt es: „Wird zum Hahnrei der Papa, hat's gewollt so die Mama."

Es gibt: „on dit's" der Moral, die die Moral zur Unmöglichkeit machen.

Lassen sie mich ihnen einen Augenblick etwas aus der Bretagne erzählen. Es ist von Oceanien zur Bretagne nicht weit, wenn man ruhig die Feder in der Hand dasitzt; die Phantasie schweift ...
Warum nicht? Übrigens gibt's keinen Zufall.
Eine Zeitung, die ich überfliege, teilt mir mit, daß einige Männer in Gemeinschaft mit Déroulède soeben die wahre patriotische Republik entdeckt haben. Unter ihnen ein bestimmter Name, der mich an eine traurige Persönlichkeit, die wir in Pont-Aven kannten, erinnert. — Es ist im übrigen der gleiche Marcel H ...
Sehr vornehmer Herr, als er seiner Frau auf die Schulter klopfte und zu uns sagte: „Schönes Fleisch das!" In der Tat war es Fleisch, nichts als Fleisch.

Und sein kleines, menschliches Ferkelauge fügte hinzu:
„Dies Fleisch gehört mir, mir allein.“
Während der ersten Woche ging er regelmäßig der Land-
kutsche entgegen, die Postdienste versah, und fragte:
„Ein Paket für mich?“
Wir waren alle gespannt und fragten uns: „Was mag
das für ein Paket sein?“
Das berühmte Paket kam an.
Vom nächsten Tage an konnte man unseren Marcel
H ... am Bache, der die Besitzung des Müllers David
durchläuft, aufgebaut sehen. Er saß, eine große Lein-
wand vor sich, auf dem Schemel und weiter hinten auf
einem prächtigen Stein stand das berühmte Paket. Ein
großer, ausgestopfter Schwan. Der Herr malte sein Bild
für den nächsten Salon. (Eine Leda.)
Das bekannte schöne Fleisch war, ohne Kopf, in Paris
gemalt worden. Blieb nur noch, den Schwan zu malen.
Neben ihm, aber mit Kopf und Kleidung, saß das schöne
Fleisch und strickte ein Paar Strümpfe.
„Für das Weiß des Schwanes,“ (sagte er), „nehme ich
nur Zinkweiß und für das schöne Fleisch nehme ich
Bituminlack.“
Bei der Table d’hôte sagte er zu seinem Nachbarn, einem
impressionistischen Maler: „Manet, sehen Sie, der malt
jeden Tag eine Skizze und ist eine drunter, die ihm ge-
fällt, sendet er sie auf die Ausstellung. Und die hat dann
Chic ...“
Kam der Monat September, sagte er: „Ich muß nach

Paris zurück, denn um diese Zeit kommt mein Händler,
der Bilder nach den Guanoinseln ausführt.“

Eine japanische Skizze, ein Holzschnitt Hokusais, eine
Lithographie Daumiers, grausame Beobachtungen Forains
sind nicht durch Zufall, nein, mit Willen und in aller
Absicht von mir in ein Album gebracht. Ich füge eine
Photographie eines Giottoschen Bildes hinzu. Weil ich,
so verschieden sie erscheinen, die Zusammenhänge ihrer
Gemeinsamkeit beweisen will.

Gemäß der durch die Kritiker (die, die klassifizieren), oder
die unwissende Menge aufgebrachten Konvention müßte
man diese verschiedenen Kunstmanifestationen unter die
Karikaturen oder die Bilder leichter Kunst einreihen.

Künstler machen keine Karikaturen. Dem Herdenvieh
gilt jeder Landsknecht als Schweinigel.

Voltaire schrieb den Candide. Daumier modellierte Ro-
bert Macaire. In „Sagesse“ bringt Gaspard mich nicht
zum lachen.

Louis Veuillot verachtet. Ebenso Forain. —

Bei diesem Hokusaischen Krieger japanisiert sich Raphaels St. Michael. Noch eine seiner Zeichnungen: Michelangelo läßt sich erraten. Michelangelo der große Kari-
katurist! Er und Rembrandt reichen sich die Hand.

Hokusai zeichnet ehrlich.

Ehrlich zeichnen heißt, sich selbst nichts vorlügen.

In dieser kleinen Ausstellung ist Giotto das Hauptstück.

Magdalena und ihre Begleitung kommen auf einer Barke

— wenn anders der Ausschnitt aus einer Kürbisflasche eine Barke darstellt — in Marseille an. Die Engel fliegen mit entfalteten Flügeln voraus. Zwischen diesen Figuren und dem winzigen Turm, in den noch winzigere Figuren treten, ist kein Zusammenhang zu finden.

Die scheinbar holzgeschnitzten Figuren in der Barke sind entweder ungeheuer groß oder sehr leicht, da die Barke nicht untergeht, während im Vordergrund eine viel kleinere, drapierte Figur unwahrscheinlich, man weiß nicht durch welch erstaunliches Gleichgewichtsgesetz — auf einem Felsen balanciert.

Vor diesem Bilde sah ich Ihn, immer Ihn, den modernen Menschen, der seine Rührung wie die Naturgesetze kontrolliert, mit jenem Lächeln befriedigter Menschen lächeln, und er fragte mich: „Verstehen Sie das?“

Gewiß liegen auf diesem Bilde die Schönheitsgesetze nicht in der Naturwahrheit: man suche sie anderswo.

Auf diesem wunderbaren Bilde kann man einen ungeheueren Reichtum an Konzeption nicht leugnen. Gleichviel, ob die Konzeption natürlich oder unwahrscheinlich ist. Ich finde eine Zärtlichkeit, eine ganz göttliche Liebe in ihr.

Und möchte mein Leben in so ehrlicher Gesellschaft verbringen.

Giotto hatte sehr häßliche Kinder. Als ihn jemand fragte, warum er so hübsche Gesichter auf seinen Bildern und so häßliche Kinder in der Wirklichkeit machte, antwortete er:

„Meine Kinder!! Sie sind Nachtarbeit ... und meine
Bilder Tagarbeit.“
Kannte Giotto die Gesetze der Perspektive? Ich will es
nicht wissen. Die Art seines Schaffens ist nicht unsere,
sondern seine Sache. Seien wir froh, seine Werke ge-
nießen zu dürfen.
Mit den Meistern plaudere ich: ihr Beispiel kräftigt.
Und ich erröte vor ihnen, wenn mich die Sünde versucht.

Drei Karikaturisten:
Gavarni scherzt elegant,
Daumier schnitzt die Ironie,
Forain destilliert die Rache.

Drei Arten der Liebe: Die moralische Liebe, die physi-
sche Liebe, die handliche Liebe = Moral, Sünde, Vorsicht.

Jemandem, dem etwas mißlang, sagt man: „Sie haben
sich geirrt.“ Dem, der nicht in der Lotterie gewann,
sagt man: „Sie haben kein Glück.“

Mit zwanzig Jahren gibt es zwei schwierige Dinge: einen
Beruf wählen, eine Frau wählen. Alle Berufe sind gut,
aber man kann nicht sagen: alle Frauen sind gut.

Abnormitäten. Der Mensch ist gewißlich unter allen
Tieren dasjenige, das am wenigsten Logik besitzt, am
wenigsten weiß, was es will und auch das, so die meisten

Extravaganzen begeht. Das liegt wohl nur daran, weil er so gut zu überlegen versteht. Das wäre Grund genug, über die Wichtigkeit der Überlegung und Erziehung nachzudenken.

Ohne ein Buffon zu sein, könnte man immerhin, sei es auch noch so wenig, beobachten. Täglich zur Mittagszeit laden nicht wenig Katzen sich bei mir zu Tisch und regelmäßig bewirte ich sie mit viel Reisbrei. Alle sind fast wild. Sie fordern ihre Portion ohne Zärtlichkeit — nur mit dem Blick. Eine Katze, und zwar die einzige derart zivilisierte, daß ich nicht auf die Straße gehen kann, ohne daß sie an meiner Seite bleibt, ist in jeder Hinsicht grausam, egoistisch und eifersüchtig.

Sie nur knurrt beim Fressen und alle, selbst die Kater, fürchten sie, es sei denn, daß sie für einen eine Schwäche hat. Aber dann beißt sie, kratzt sie und das Männchen erträgt die Schläge und beugt sich vor ihr, die so vorzüglich die Hosen an hat. Alle dressierten Tiere verdummen und können kaum mehr ihre Nahrung selbständig suchen, unfähig die Medikamente zu ihrer Heilung zu finden. Die Hunde haben schließlich eine schlechte Verdauung, benehmen sich unschicklich, wissen es, aber ahnen nicht, daß sie übel riechen.

Die Menschen haben zu klagen und man beschließt, eine Petition einzureichen. Der Tapferste setzt sie auf, aber wenn es sich darum handelt, die Unterschriften zu finden, fliegen die Spatzen fort. Die Menge ist versammelt, der Dämlichste von allen schnaubt sich auf zu ungewöhn-

liche Weise und im selben Augenblick setzt sich die
Menge ohne Einladung zur Unterschrift, setzen sich alle
ohne Zögern in Bewegung und schlagen tot. Die Wak-
keren haben tapfer die Kanonade ertragen, aber in der
Ruhe des Lagers fängt die Schildwache zu f..... an
und brüllt: „Die Preußen." Dieselben Wackeren reißen
aus, bis der Adjutant angaloppiert kommt und ihnen zuruft: „Es ist nichts, Freunde, nur ein Gewehr, das los-
gegangen ist."
Ich lag vor der Reede von Rio de Janeiro. Ich war Steuermannsjunge.
Rasende Hitze. Alles schlief an Deck. Vorn und achtern. Der eingeschlafene Schiffsjunge träumte zu heftig,
heftig auch fiel er ins Wasser. „Mann über Bord!" Alles
erwachte und schaute blöde auf den Schiffsjungen, den
die Strömung längs des Schiffes nach achtern riß. Ein
schwarzer Matrose rief: „Ja zum Donnerwetter, er wird
ertrinken." Ohne Überlegung sprang der Neufundländer
ins Meer und zog den kleinen Schiffsjungen zum hinteren Fallreep. —
Gestern war Friedenskongreß. Man kennt den Erfolg.
Hunderttausend Franzosen, die ein ich weiß nicht was
begeistert und die irgendein Tor, nicht gerade Déroulède,
leitet, sollen die Militärdienstpflicht verweigern, und jedermann wird ihrem Beispiel folgen.
Zwei Lokomotiven fahren auf dem o Längengrad, aber
in umgekehrter Richtung. Was wird geschehen und
wird der Zusammenstoß fürchterlich sein?

Ich glaube nicht. Mangels Kohlen werden sie sich nicht begegnen.

Darum handelt es sich im Augenblick. Die zwei Maschinen sind unterwegs in die Zukunft (Roman von Zola). Mangels Geld, ohne Kongreß, wird der Krieg beendet werden, — es wird Frieden sein. Man wird die Werkzeuge des Krieges so durchdenken, daß die Kohle fehlen wird, weil sie viel zu teuer werden. Dann kommt der Augenblick, neue Kongresse zu berufen, um den Krieg wieder zu verbilligen. Was wird aus all diesen von der militärischen Ehre durchdrungenen Pflichtmenschen, was wird aus jenen berühmten, elastischen Gewissen, je nachdem sie jüdisch oder christlich sind, was wird aus den Helmbüschen und Orden, was aus den Heereslieferungen, allen Pensionierungen (Futter des Beamten)?

Nein, das wird nicht geschehen, denn die geistige Welt wird revolutionieren.

Die Mathematik ist notwendigerweise richtig. Was geschähe, wenn sie nicht notwendigerweise richtig wäre? Der Oberst ist anderer Ansicht, denn er sagt, von seinem Haus zu dem seines Soldaten wäre es viel, viel weiter als vom Haus seines Soldaten zu ihm.

Jemand erzählt von einem Ball und sagt: „Es waren zwanzig Trottel da." — Ein Spaßvogel fügt hinzu: „Sie einschließlich."

O nein! Nicht einschließlich! Mathematische Frage: Wieviel Trottel waren auf diesem Ball?

Ich möchte euch also fragen: ob wir, wenn wir rechnen gelernt haben, so notwendig richtig sind. Richtig im Plural gäbe nicht denselben Sinn. Im übrigen liebe ich keine Wortspiele, da ich keine machen kann.

Ich hatte, ohne immerhin den Grund mir erklären zu können, bemerkt, daß die Esel im allgemeinen großes Glück bei Frauen haben. Erst sehr viel später las ich eine Übersetzung des Lucianschen Esels und erkannte da die wahren Gründe, die das schöne Geschlecht anregen. Ich führe diese Stelle an: „Dazu wechselte ich nun, um dich in diesem Punkte so verunstaltet zu finden, und ein schöner Vorteil für mich, einen solchen Affen anstatt dieses vergnüglichen und zärtlichen Tieres zu besitzen."
Die Bibel hat recht: Geist ist Geist und Fleisch ist Fleisch. Das war's, was der Doktor Faust ein wenig spät einsah, als er rief: „Fluch dem Geiste! Lassen wir all diese überflüssigen Arbeiten, Herr Teufel, helfen Sie mir!" Der Teufel machte ihn wahrhaftig zu einem bepackten Esel, allerdings mit Gold bepackt. Denn Faust wollte eine Jungfer. Nun sind die Jungfern reine Seelen und wechseln nicht leichthin das Gold ihrer Sittenreinheit ohne wirkliches Gold.
Ein feiner Beobachter, der Herr Teufel.
Hüte dich vor reinen Seelen, und machst du jemanden zum Hahnrei, bewache nicht den Gatten sondern deinen Geldbeutel.

Es handelt sich darum, eine scheinbar enge Flasche zu entkorken. Jeder versucht erfolglos seine Kräfte und bereitet dabei das Feld. Der letzte, ein Schlaukopf, entkorkt die Flasche ohne Schwierigkeit. —

Ich werde absichtlich eher aus Heimtücke als aus Instinkt hie und da saftig. Weil ich den Zimperlichen die Lektüre dieses Buches verbieten will. Diesen unerträglich Zimperlichen, die sich nur in eine Livree kleiden können.

„Du verstehst wohl, lieber Freund, daß ich nicht mit meiner angetrauten Frau zu deinen Empfängen erscheinen kann, bei denen deine Mätresse ist."

Wenn die gnädige Frau da ist (sie ist eine anständige, da verheiratete Frau), ist kein Mensch schlüpfrig. Nach Schluß der Soiree, wenn alles wieder daheim ist, hört Ihre Hochwohlgeboren, die anständige Frau, die den ganzen Abend über gegähnt hat, zu gähnen auf und sagt zu ihrem Gatten: „Wie wär's, wenn wir Zoten sagten, ehe wir sie machen?" Antwortet der Gatte: „Sagen wir nur Zoten, (denn ich habe heut abend zuviel gegessen)."

Eine junge, unverheiratete Frau, die mit Auszeichnung ihren medizinischen Doktor gemacht hat, wagt es nicht, Spezialistin für Geschlechtskrankheiten zu werden und nennt nur unter Erröten das Ding.

Bezüglich: Ding. Heute, wo es Mode ist, die unschuldigen jungen Mädchen gleichzeitig mit den Männern in die Ateliers zum Malunterricht zu schicken, kann man beobachten, daß all diese Jungfrauen beim Zeichnen des männlichen Aktmodells mit viel Sorgfalt das Ding ähnlicher machen als das Gesicht. Nach der Atelierstunde gehen diese jungen, immer achtbaren Jungfrauen, meist Ausländerinnen, schamhaft die Augen leicht gesenkt, durch die Wimpern blinzelnd nach Lesbos sich zu erleichtern. Merkwürdige Abnormität ...

Ich erinnere mich an eine von ihnen, eine sehr reizende Schottin. Sie pflegte in einer kleinen Künstlerkneipe zu speisen. Da kam eines schönen Tages eine junge Belgierin dazu, sehr fahlblond, deren flaches Korsett ein Panzer schien. Unsere Schottin setzte sich neben sie, fragte sie mit sehr viel Getu nach ihrer Ankunft in Paris, was sie vorhätte, ob man das Vergnügen haben würde, sie im Atelier zu sehen. Und sehr entflammten Auges und mit roten Bäckchen fügte sie hinzu: „Kommen Sie zu mir." Trocken erwiderte die gepanzerte Belgierin: „Ich danke." Was hat die berühmte Minna darüber gelacht!!! Der große Gelehrte, der berühmte Misogyn, zitterte vor ihr. Wieviel Misogynen es doch gibt, die misogyn sind, weil sie die Frauen zu sehr lieben und vor ihnen zittern ...

Auch ich, wie man weiß, liebe die Frauen, wenn sie rundlich und lasterhaft sind; aber ich bin nicht misogyn und zittere nicht vor ihnen. Ich fürchte freilich in solchem Fall, keinen Pfennig in der Tasche zu haben. Und was kümmert mich die eine mehr als die andre. Leider erkläre ich und nicht die Frauen: „Es geht nicht." Was schert mich das Ding, solange das Hirn kräftig ist.

BRIEF PAUL LOUIS COURRIERS

Sie sollten, gnädige Frau, daran denken, was ich Ihnen gestern sagte, und sich meiner ein wenig erinnern. Die Sache an sich soll Ihnen gleichgültig sein, aber gilt die Freude, Freude zu machen, denn nichts? Unter uns, gut denn, gebe ich es zu ... Es macht Ihnen nicht warm, nicht kalt, nicht Freude, nicht Leid, nicht Lust, nicht Unlust; schöne Gründe, nein zu sagen, wenn man Sie darum bittet! — Pfui! Schämen Sie sich nicht, sich zweimal um Dinge bitten zu lassen, die, wie die Gaussin sagte, so wenig kosten, und gegen die Sie letzten Endes Widerwillen nicht empfinden?

Ein anderer Brief, nur ein Ausschnitt:

„... Sie öffnete, ohne mich zu bemerken, und ich — mit zwei Schritten und einem Sprung war ich mit ihr im Zimmer: großer Widerstand, Theaterszene, sie will mich fortjagen; ich bleibe, sie verzweifelte, ich lachte:

Pianse, prego, ma in vano ogni parola sparse.

Salvat konnte kommen, kam sogar, es war die Stunde, die Gefahr wuchs von Minute zu Minute. Ohne Feinheiten und Umschweife nannte ich ihr den Preis für meinen Rückzug. Dunque fa presto, sagte sie. Ich machte presto und verließ sie. Ich könnte nun so oft mit ihr sein, wie ich wollte, denn ich habe sie völlig in der Hand, oder ihr einen Streich spielen und ihr anderen Taugenichtse tätet so. Aber ihr wißt, daß ich nicht den Ehr-

geiz besitze euch nachzuahmen, ich sehe sie, spreche wie
vorher mit ihr, gleicher Ton, gleiche Manieren ..."

Pfui, Herr Courrier. Ich ziehe den anderen Brief vor.
Wenn mir eine Frau sagt: „Mach' schnell", oder mich
um einen Taler mehr bittet ... das macht sie mir unmöglich.

Katharina die Große, Katharina von Rußland, hatte nur
noch einen Wunsch. Sie ersehnte, daß ein einfacher,
schöner und kräftiger Soldat verliebt und kühn genug
wäre, und es wagte, in ihre Gemächer einzudringen
und sie zu vergewaltigen.

Der Liebhaber, der große Favorit, da er solches bemerkte,
ging zum schönsten Mann der Armee und sprach: „Hier
hast du einen kleinen Schlüssel, der dir die Tür zu Ka-
tharinas Gemächern öffnen wird. Geh und vergewaltige
sie mit Kraft und Roheit. Machst du's, wirst du belohnt
werden, machst du es nicht, bekommst du hundert Knuten-
hiebe."

Katharina hatte einen außerordentlichen Genuß.

Eines Tages gestand der Favorit seinen Betrug. Er wurde
hingerichtet (Befehl Katharinens). Ist das abnorm und
war der Favorit nicht schauerlich dumm? —

Der Autor fügt seiner Erzählung einen Gedanken an:
„Darf man solche Frau wirklich die Große heißen?"
Wie dumm der Autor ist!
Und ob sie groß war! Gerade deswegen!

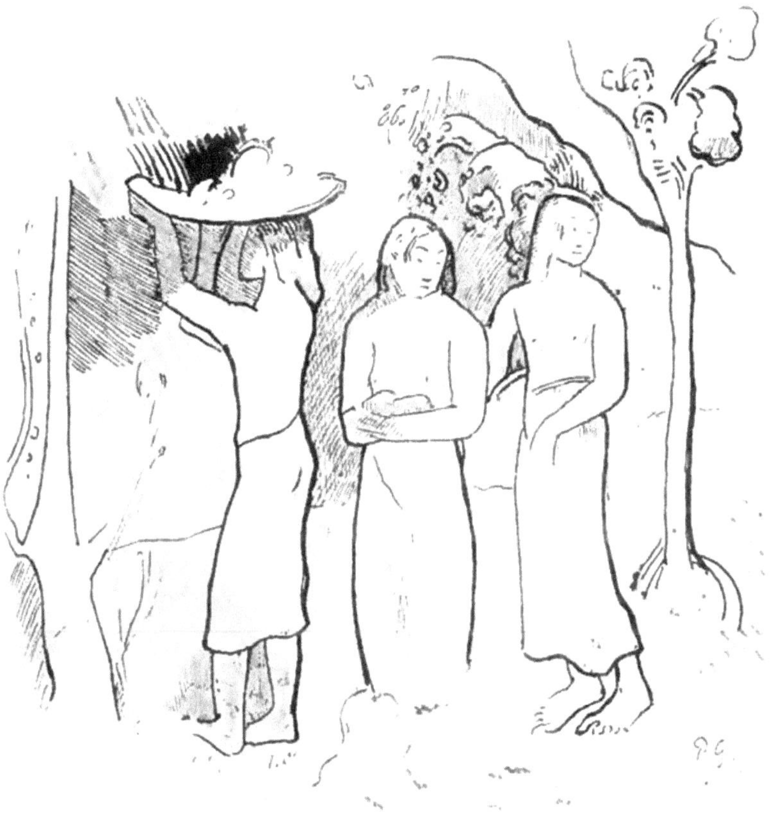

En route pour le festin

Die Chinesen auf einer Schanze, geschützt von oben zugespitzten Bambusrohren.

Die Sturmtruppen, ein französisches Bataillon, erwarteten keinen derartigen Widerstand und mußten, fast in Panik, zurückweichen. Nur der Fahnenträger steckte seine Fahne in den Boden und kroch halbtot vor Angst unter die Bambusrohre.

Das Bataillon nahm die Offensive wieder auf. Dies sah der Fahnenträger und drang immer an der Spitze in die Schanze ein. Dies sah gleichfalls die Regierung und verlieh ihm das Kreuz, das berühmte Kreuz. Dies nun sahen alle und sagten: „Er ist ein Held.“

Im Invalidendom rühmen die Besiegten, die Fahnen, den Sieger mit dem Holzkopf. Merkwürdig! Auf diesem Holzkopf bleichen die Haare. Glorifizierung der Toten, Glorifizierung der Lebendigen!

Ich hatte als Studienaufseher den Vater Baudoin, einen überlebenden Grenadier von Waterloo. Er verstand sich vortrefflich auf's Pfeifenrauchen. Im Schlafsaal hoben wir die Hemden hoch und riefen respektlos: „Achtung, präsentiert das Gewehr.“ Und der Alte erinnerte tränenden Auges sich an den großen Napoleon. Der große Napoleon ließ sie sterben. Er ließ sie auch leben. „Soldaten“, sagte Vater Baudoin, „gibt es nicht mehr.“ Beim Studium war er das Kind und wir die Männer. Einer sagte: Ich werde Mirabeau werden und es war Gambetta, ich sagte: Ich werde Marat sein … Weiß man denn, was man wird?

In Taravas sagt Vater Lucas zu seiner Frau: „Lillia, sei freundlich mit dem Gouverneur, wenn er kommt. Unser Urlaub hängt davon ab.“

Und stolz erklärt der entzückte Missionar: „Wir haben den Vater Lucas verheiratet.“ — „Nicht jeder kann Kuppler sein.“ Diesen Satz sagte Manet, dem man vorwarf, das Porträt Pertuisets gemalt zu haben. Überall gibt's Starke und Schwache.

Seit einiger Zeit kreuzen drei Walfischjäger in unseren Gewässern und die Gendarmerie spitzt die Ohren. Wozu all dieses Geschrei, diese dumpfe Wut? Walfischjäger...! Walfischjäger...

Aber was soll denn das alles bedeuten? Sind die Walfischer Unglücksträger, kommen sie mit Cholera oder gar mit Walfischpest, die in Menschenpest sich auswächst? Immerhin sagt mir der Gendarm: Herr... Walfische sind die Pest...“

„Laßt sehen,“ sagt der eine, „versuchen wir zu verstehen“, etwa der andre. Der eine und der andre erzählen eine Geschichte ... Ich werde euch die Geschichte erzählen, aber die richtige.

Also in dieser Zeit, die wie jede Zeit ist, pflegen die Walfischjäger kein Geld mitzunehmen, da sie sehr wohl wissen, daß man auf See Geld nicht essen kann, und daß es an Land Philosophen gibt, die das feile Metall verachten.

So kamen sie denn in dieser falschen Meinung auf den Marquesas, und zwar in Taoata an. Sie rechneten damit, ihren Wasserbedarf überzunehmen und Spielereien und leichtes Flanell gegen Bananen, Getier und andre Mundvorräte einzutauschen.

Unmöglich! Waren landen, für die nicht der Einfuhrzoll gezahlt ist! Aber die Eingeborenen, froh, landwirtschaftliche Produkte, mit denen sie nichts anfangen können gegen Dinge, die ihnen Spaß machen, eintauschen zu können, fragen sich wahrhaftig, ob wir ihnen gut oder übel wollen. Aber drei oder vier Glatzköpfe und ein Mönch, Kabeljauhändler, jammern: „Das ist ungesetzliche Konkurrenz." Endeffekt: Der Gendarm ist außer Puste und das Schiff nächtlicherweise back- und steuerbords von seiner Ware erleichtert. Gut verproviantiert legt es ab.

Die Insel Taoata ist um einige europäische Produkte bereichert? Wer hat Schaden davon? Und warum all dies Geschrei? Wann wird der Mensch verstehen, was *Menschlichkeit* heißt?

Verschiedene Episoden, allerlei Gedanken, gewisse Einfälle strömen herbei, fließen in diesem Bande aus dem Ungewissen zusammen und verschwinden wieder. Kinderspiel, Kaleidoskopbilder. Ernsthaft mitunter, scherzhaft oft dank der so frivolen Natur. Der Mensch, sagt man, schleppt seinen Doppelgänger mit sich. Man erinnert sich seiner Kindheit, erinnert man sich der Zukunft? Erinnerung des Vorhers. Vielleicht Erinnerung des Hinterhers. Ich wüßte es nicht genau auszudrücken. Sagt man: „Morgen wird schön Wetter sein", ist das nicht eine Erinnerung an früher, Erfahrungen, die einen Gedanken bestimmen?

Ich erinnere mich, gelebt zu haben, erinnere mich auch, nicht gelebt zu haben. Erst heute nacht träumte mir, ich sei tot. Und merkwürdig, es war tatsächlich der Augenblick, wo ich glücklich lebte.

Wach zu träumen ist fast dasselbe, wie im Schlaf zu träumen. Der Traum im Schlaf ist oft kühner, mitunter ein wenig logischer.

Ich will auf das kommen, was ich euch schon sagte.

Dies ist kein Buch.

Und ferner glaube ich auch, daß ihr alle viel weniger ernst seid, als ihr es zugeben wollt, ebenso verderbt, klüger die einen, weniger klug die anderen.

Wir wissen es, werdet ihr sagen!! Es tut gut, es zu wiederholen, fortwährend, immerzu ... Wie Überschwemmungen erdrückt uns die Moral, erstickt die Freiheit aus Haß gegen die Brüderlichkeit.

Moral des Hinteren, religiöse Moral, patriotische Moral, soldatische Moral und Moral des Gendarmen ... Pflicht in der Ausübung seiner Tätigkeit, das Militärstrafgesetzbuch, Dreyfusianer oder nicht Dreyfusianer.

Die Moral Drumonts, Déroulèdes.

Die Moral des öffentlichen Unterrichts, der Zensur.

Die ästhetische Moral, sicherlich die des Kritikers.

Die Moral der Obrigkeit usw....

Mein Büchlein wird daran nichts ändern, aber ... es erleichtert.

DEGAS

Wer kennt Degas? Keiner ... das hieße übertreiben. Einige wenige nur. Ich meine, ihn wirklich gut zu kennen.

Selbst sein Name ist den Millionen von Zeitungslesern unbekannt. Die Maler nur, viele aus Furcht, aus Respekt die anderen, bewundern Degas. Verstehen sie ihn aber auch?

Degas wurde geboren ... ich weiß es nicht, aber er ist schon seit langem alt wie Methusalem. Ich sage Methusalem, mutmaße ich doch, daß Methusalem mit hundert Jahren wie ein Mann von dreißig in unseren Tagen erscheinen mußte.

In der Tat ist Degas ewig jung.

Er achtet Ingres, weil er sich selbst achtet. Sieht man ihn, den Seidenhut auf dem Kopf, die blaue Brille auf der Nase, sieht er ganz wie ein Notar, ein Bürger aus den Zeiten Louis Philippes aus, den Regenschirm nicht zu vergessen.

Wenn jemand sich wenig bemüht, für einen Künstler gehalten zu werden, so ist er es gewiß. Er ist es so sehr. Und dann hasst er alle Livreen, auch diese.

Er ist sehr gut aber geistreich. Er gilt für bissig.

Böse und bissig. Ist das das gleiche?

Ein junger Kritiker, der die Manie hat, eine Ansicht, so wie die Auguren ihre Sprüche verkünden, in die Welt zu setzen, sagte: „Degas, ein wohltätiger Griesgram."

Degas ein Griesgram! Er, der sich auf der Straße wie

ein Botschafter bei Hofe hält. Wohltätig! Das ist recht trivial. Er ist besser als das.

Früher hatte Degas eine alte holländische Magd, ein Familienstück, die trotzdem oder vielleicht gerade deswegen unausstehlich war. Sie bediente bei Tisch. Der Herr sprach nicht. Die Glocken der Notre Dame de Lorette wurden betäubend und sie schrie: „Für Ihren Gambetta würden sie immerhin nicht so läuten."

Ach, ich verstehe, was griesgrämig heißt. Degas hütet sich vor dem Interwiev. Die Maler suchen sein Lob, bitten ihn um seine Schätzung, und er, der Bissige, der Griesgram, um nicht sagen zu müssen, was er denkt, antwortet dir sehr freundlich: „Entschuldigen Sie mich, aber ich sehe nicht deutlich, meine Augen . . ."

Andrerseits wartet er nicht ab, bis man berühmt ist. Bei den Jungen errät er, und er, der Könner, spricht nie von einem Mangel an Technik.

Er sagt sich, die Technik kommt schon noch und sagt dir väterlich, wie mir am Anfang: „Du hast den Fuß im Steigbügel."

Unter den Großen stört ihn keiner.

Ich denke auch an Manet. Noch einer, den keiner störte.

Ehemals sagte er mir, nachdem er ein Bild von mir (Anfängerarbeit) gesehen hatte, daß es recht gut wäre, und ich antwortete voll Respekt für den Meister: „Oh, ich bin nur ein Dilettant!" Ich war damals in einer Wechselstube angestellt und trieb Kunst nur nachts und an Feiertagen.

„Aber nein," erwiderte Manet: „Dilettanten sind nur die,
die schlechte Bilder malen." Dies war mir sehr süß.
Warum, überdenke ich die ganze Vergangenheit bis heute,
muß ich nun sehen (es sticht in die Augen), wie alle die,
die ich kannte, hauptsächlich die letzten Jungen, die ich
beriet und unterstützte, mich nicht mehr kennen.
Ich will nicht verstehen.
Ich kann mir indessen nicht in falscher Bescheidenheit
sagen:

> Und du, der weint bei Tag und Nacht
>   In schmerzlicher Klage,
> O sage mir du, wie hast du verbracht
>   Deine jungen Tage?
>
> *(Verlaine.)*

Denn ich habe gearbeitet, und mein Leben ausgenutzt,
klug sogar, mutig, ohne Tränen, ohne zu zerreißen — ich
hatte allerdings sehr gute Zähne.
Degas verachtet die Kunsttheorien, kümmert sich nicht
um die Technik. In meiner letzten Ausstellung bei Durand
Ruel, Arbeiten aus Tahiti 91/92, wurden sich zwei junge
Leute voll bester Absichten über meine Malerei nicht
klar. So baten sie voll freundschaftlicher Achtung für
Degas diesen um seine Ansicht, um aufgeklärt zu
werden.
Mit seinem guten, väterlichen Lächeln sagt er ihnen, der
so Jugendliche, die Fabel vom Hund und Wolf auf.
„Sehen Sie, Gauguin ist der Wolf."
Dies der Mensch! Wie nun der Maler?

Eins der ersten bekannten Bilder von Degas ist ein Baumwolladen. Warum es beschreiben? Betrachtet es lieber und vor allem betrachtet es gut und erklärt dann nicht etwa: „Keiner konnte besser Baumwolle malen." Es handelt sich nicht um Baumwolle, nicht mal um Baumwollpflanzen.

Er selbst wußte es so genau, daß er anderen Übungen sich zuwandte; aber schon bestätigten sich die Verstöße gegen die Kunstregeln, drückten ihr Zeichen auf, und man konnte sehen, daß er zwar noch jung, doch schon ein Meister war. Schon griesgrämig. Wenig sichtbar die Zärtlichkeiten eines klugen Herzens.

Erzogen in der eleganten Welt, dürfte er vor den Modegeschäften der Rue de la Paix in Verzückung geraten, vor den hübschen Spitzen, dem berühmten Dreh unserer Pariserinnen, die dir einen extravaganten Hut hinlegen. Er sah sie auf dem Rennen, kühn auf Frisuren thronen, wieder, und über oder besser gesagt zwischen allem eine nach Möglichkeit kecke Nasenspitze.

Des Abends aber fortgehen dürfen, um sich in der Oper vom Tage zu erholen. Dort, sagte sich Degas, ist alles gefälscht, das Licht, die Dekorationen, der Chignon der Tänzerinnen, ihr Korsett, ihr Lächeln. Wahr nur die Effekte, die sie ausströmen, das Gerippe, der menschliche Knochenbau, die Bewegtheit. Arabesken aller Art. Wieviel Kraft, Weichheit und Grazie. In einem bestimmten Augenblick mengt der Mann mit einer Reihe von Sprüngen sich ein und stützt die vergehende Tänzerin. Ja, sie

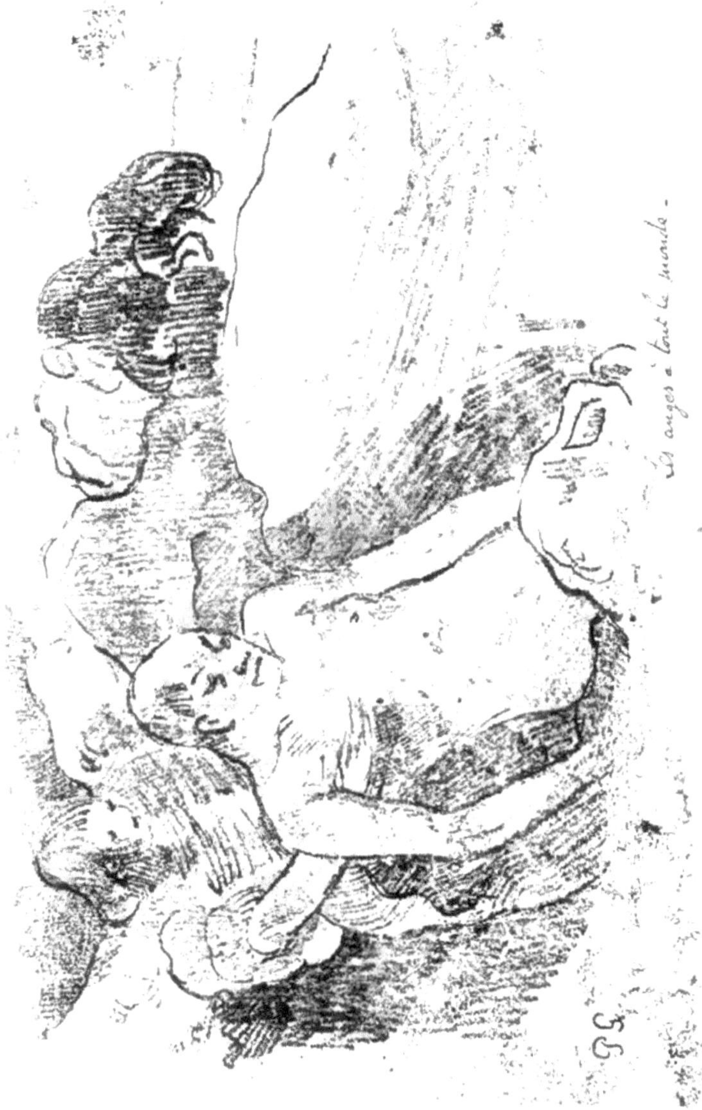
les anges a tout le monde –

vergeht, vergeht nur in solchem Augenblick. Ihr alle,
die ihr bei Tänzerinnen schlafen möchtet, dürft keinen
Augenblick darauf hoffen, daß sie in euren Armen vergehen wird. Es ist nicht wahr. Die Tänzerin vergeht
nur auf der Bühne.

Degas' Tänzerinnen sind keine Frauen. Es sind bewegte
Maschinen mit graziösen Linien, fabelhaft im Gleichgewicht. Aufgeputzt wie die Hüte der Rue de la Paix
mit all diesem reizenden Tand. Auch die leichten Gaze-
röckchen heben sich und man denkt nicht daran, die
Dessous zu sehen, nicht einmal ein Schwarz, das das
Weiß entstellt.

Die Arme sind zu lang, nach dem, was jener Herr behauptet, der, den Zollstock in der Hand, so vortrefflich
die Proportionen zu berechnen versteht. Ich weiß es
auch, soweit es eben nicht Stilleben sind. Die Dekorationen sind keine Landschaften, es sind Dekorationen.
De Nittis hat auch welche gemacht und sie waren weit
besser.

Rennpferde, Jockeys in Degasschen Bildern.

Schindmähren oft, von Affen geritten.

In alle dem liegt kein Motiv, nur die Belebtheit der Linien,
Linien und noch einmal der Linien. Er ist sein Stil.

Warum signiert er? Keiner brauchte es weniger.

In den letzten Zeiten malte er viele Akte.

Die Kritiker sahen im allgemeinen die Frau. Degas sieht
die Frau... Aber es handelt sich nicht mehr um Frauen
als es sich ehemals um Tänzerinnen handelte. Höchstens

um ein paar aus Indiskretion bekannte Lebensabschnitte.
Worum handelt es sich? Die Zeichnung lag am Boden.
Man mußte sie aufheben und betrachte ich diese Akte,
rufe ich: „Jetzt ist er auf der Höhe.“
Beim Menschen wie beim Maler ist alles Vorbild.
Degas ist einer der wenigen Meister, der sich nur hätte
zu bücken brauchen, um sie zu greifen und doch die
Palmen, Ehrungen, den Reichtum ohne Verbitterung und
Eifersucht verschmähte. Bescheiden geht er durch die
Menge.
Seine alte holländische Magd ist gestorben, sonst würde
sie sagen: „Für Sie würde man die Glocken immerhin
nicht so läuten.“

Einer von diesen Malern, die wie so viele andre bei den
„Unabhängigen“ ausstellen, um sich „Unabhängige“ zu
nennen, fragte Degas: „Sagen Sie, Herr Degas, werden
wir nicht eines Tages das Vergnügen haben, Sie unter
uns bei den Unabhängigen zu sehen.“
Degas hat liebenswürdig gelächelt ... und ihr sagt, er sei
ein — Griesgram.

IN dem Ibsenschen Drama: „Der Volksfeind“ erreicht
die Frau (erst am Ende) die Höhe ihres Gatten. Während ihres ganzen Daseins ebenso — wenn nicht noch
mehr — banal und interessiert wie die Menge, hat sie nur

eben eine Minute, die das ganze nordische Eis in ihr
schmilzt. Sie geht in das Land, wo die Wölfe hausen.
Vielleicht ist das sehr gut beobachtet, obschon ich es ab-
streite, da auch ich menschlich daran teilnehme. Es
braucht nicht viel, eine Frau zu Fall zu bringen, während
man eine ganze Welt bewegen muß, um sie wieder
aufzuheben.

Ich kenne einen anderen Volksfeind, dessen Frau ihrem
Gatten nicht nur nicht folgte, sondern obendrein ihre
Kinder so gut erzogen hat, daß sie ihren Vater nicht
kennen, daß dieser Vater, immer im Lande der Wölfe, niemals in sein Ohr hat flüstern hören: „Lieber Vater." Nach
seinem Tode werden sie sich bei der Erbschaft melden.
Genug!

Wie dem auch sei, durch diesen Schluß stürzt das Drama
jäh zusammen. Ein literarisches Werk, ein Theaterstück,
ist kein Zufallswerk, das den Notwendigkeiten der Konvention und der sorgfältig auf den sentimentalen Grad
der Wahrscheinlichkeit abgewogenen Beobachtung unter-
worfen ist.

In Zolas Pot-Bouille bleibt Frau Josserand stets Frau
Josserand.

Ich bin in diesem Fach wenig kompetent und, ohne irgendwie Ibsens Genie bestreiten zu wollen, möchte ich nur
soviel sagen, daß wir Franzosen vielleicht ebenso ernst,
aber immerhin nicht so schwerfällig sind. Die Winde
dieser nordischen Mythologie scheinen mir sehr rauh und
lassen mich einen Sonnenstrahl sehnsüchtig erwarten.

All diese Pastoren, Professoren und jungen Mädchen, die bei all ihrer Sentimentalität reichliche Mahlzeiten, Räucherfische und Schinken, geschweige denn Wildbret, nicht vergessen, diese ganzen Menschen erscheinen uns auf der französischen Bühne wie schwere Statuen. Zugegeben, sie sind fest gebaut, aber ein griechischer Bildhauer würde sie verfeinern.

Unter den Händen eines Rodin würde ich anfangen, sie zu lieben. Ibsen beobachtet sie mit seinen Augen. Es tut gut, wenn auch wir sie wieder beobachten in der Furcht vor einer protestantischen Überflutung, vor diesen praktischen Verlobungen, wo man mit dem „Alles, nur das nicht“ spielt, vor all dieser schmutzigen Philosophie, die die Konvenienzen reitet. In der Wagschale des Nordens wiegt des größte Herz nicht einen Taler auf. Auch ich habe den Norden beobachtet und was ich als Bestes dort entdeckte, war gewißlich nicht meine Schwiegermutter sondern das Wild, das sie so köstlich zubereitete. Auch der Fisch ist vorzüglich. Vor der Ehe haben sie alle Familiensinn, aber hinterher, hütet euch, ist alles wie fortgeblasen. In Kopenhagen vergißt eine große Dame in einem Laden ihr mit einem Monogramm bezeichnetes Portemonnaie. In dem Portemonnaie lag ein Präservativ aus Goldschlägerhaut. Aber in meinem Hause lebte in einer Mansarde ein Paar im Konkubinat; sie schleppten es recht und schlecht ins Gefängnis.

Sprechen wir bei Gelegenheit Ibsens vom Theater. Mir
scheint, es liegt unrettbar im Sterben, aber man möchte
es ausstopfen und es der Menge von weitem zeigen, damit sie noch immer an sein Leben glaubt.

Mit Recht verlangt die dramatische Literatur ihre Lebens-
berechtigung und ich gewähre sie ihr durchaus. Gott
sei Dank gibt es noch Leser. Aber auch nur Leser. Ich
glaube sogar, daß, löste die dramatische Kunst sich vom
Theater los, sie dabei gewänne. Auf dem Theater gibt
es szenische Forderungen, die den Dichter behindern.
Hauptsächlich hindert der Stil Schauspieler und Publikum.

Auf der Bühne gibt es drei Dinge nur: Den Schauspieler,
die Dekoration, das Interesse oder das Vergnügen. Alles
ist dort Trick und Fälschung.

Hat eine Mutter ihr Kind verloren und findet sie es
wieder, sind es nicht die vorausgehenden Worte, die die
Tränen ins Auge treiben, nicht einmal der Schrei: „Himmel! Meine Tochter!" sondern das Erscheinen der lieben
Kleinen, die „Mama" sagt.

Ein Sardou und gute Schauspieler ist alles, was das Theater
braucht. Schmäht mir Sardou nicht! Nur er ist auf dem
wahren Wege! Durch tausend Umwege und Tricks will
man das Gegenteil beweisen. Erziehung des Publikums!
. . . Ein aufgeklärtes Publikum . . . usw.

Sagt: Ein aufgeklärtes Lesepublikum . . . und ihr habt
recht.

In einem Theaterstück Labiches ist der Bürger auf der

Bühne ein schrecklicher Clown. Beim Lesen ist der Bürger meiner Treu sehr achtungswert und gut. Es geht eine gewisse, ebenso liebenswürdige, gute wie familiensinnige Philosophie von ihm aus.

Aber, wendet man ein, auf der Bühne verstärkt der Schauspieler die seelische Bewegung, klärt die Situation. Braucht das ein aufgeklärtes Publikum?

Und warum andre fragen, wenn der Dichter wirklich groß ist, und wer sagt uns, daß, obschon wir aufgeklärt sind, unsere Rührung nicht einzig vom Schauspieler und von der Dekoration kommt?

Gesteht lieber, daß das Theater eine gute Einnahmequelle ist. Macht es wie Sardou, der das Talent hatte, Theatertalent zu haben.

Ist die gesprochene Sprache wirklich Literatur und falls sie es ist, ist sie nicht unerträglich vor Unwahrscheinlichkeiten und Pedanterien?

Spielt das Remy de Gourmontsche Stück (ich entsinne mich nicht des Titels, das Stück erschien im „Mercure"), und seht, ob der alte König-Vater nicht ein elender Mummelgreis, die Töchter fürchterliche, leichenfressende Nachtmahre und alle Recken Fastnachtsritter sind. Und doch, beim Lesen ist es ein ganz ander Ding.

Sehr zutreffend sagt der Direktor des Theatre de l'Oeuvre: „Geben Sie mir gute Stücke, aber sie müssen spielbar sein."

Paul Fort, der dieses Theater begründete und viel zu sehr Künstler war, um nicht den baldigen Tod des literarischen Theaters vorauszusehen, hat die Partie aufgegeben, um wunderbare Stücke zu schreiben, die nicht aufführbar sind.

Ich könnte noch mehr Beispiele häufen, ohne jedoch irgend jemanden zu überzeugen. — Ich weiß es. Aber in meiner Art voll Liebe für die Literatur, sage ich hier, was ich denke.

Mein Theater ist das Leben. In ihm finde ich alles, den Schauspieler und die Dekoration, das Erlesene und das Triviale, das Weinen und das Lachen.

Die Erregung macht mich, den Zuschauer, oft zum Mitspielenden. Man möchte kaum glauben, wie man während des Lebens in der Wildnis seine Anschauungen ändert und wie das Theater sich vergrößert. Nichts beirrt mein Urteil, nicht einmal das Urteil der anderen. Ich schaue mir das Schauspiel an, wann es mir paßt, für mich, für mich allein, ohne Zwang, ja sogar ohne ein Paar Handschuhe anzuziehen.

Irgendwo schrieb ich und bereue es nicht, daß man in Paris anders liest, als man im Walde liest.

In Paris hat man Eile. Beim Mittagstisch im Gasthaus kann ich nichts außer der Zeitung lesen. Die Poste-restante-Briefe lese ich stehenden Fußes, und brauche sie später nicht nochmals zu lesen. In der Eisenbahn, im Schnellzug lese ich ohne Ausnahme die drei Musketiere. Zu Hause lese ich im Wörterbuch. Dagegen lese ich nie Bücher, über die ich vorher eine Kritik las. Da mischt sich, für meinen Teil, die Reklame hinein.

Höchstens würde ich den Mostrich „Bornibus“ kosten, weil ich die Plakate gesehen habe. Wobei ich schauerlich lüge, denn ich hasse den Mostrich, aber ein gewarnter Mann gilt für zwei.

Laßt es euch nicht einfallen, Edgar Poe anderswo als an einem sehr sicheren Ort zu lesen. Er würde euch schön zusetzen, „die ihr sehr tapfer zwar, ohn’ es zu sein“ (wie Verlaine sagt). Und vor allen Dingen versucht nicht hinterher mit den Augen eines Odilon Redon einzuschlafen.

Ich will euch eine wahre Geschichte erzählen.

Meine Frau und ich lasen beide am Kamin. Draußen war es kalt. Meine Frau las Edgar Poes „Schwarze Katze“, ich Barbey d’Aurevillys „Glück im Verbrechen“.

Das Feuer war am Auslöschen. Draußen war es kalt. Es hieß Kohlen holen. Meine Frau ging in den Keller des kleinen Hauses, das uns der Maler Jobbé Duval untervermietet hatte.

Auf den Stufen fuhr erschrocken eine schwarze Katze hoch, desgleichen meine Frau. Nach einigem Zögern setzte sie ihren Weg indessen fort. Zwei Schaufeln Kohle und vom Haufen löste sich ein Totenschädel. Meine Frau verging vor Schrecken, ließ alles im Keller stehen und liegen, lief kopfüber die Treppe hinauf und wurde endlich im Zimmer ohnmächtig. Ich stieg meinerseits hinunter und legte beim weiteren Kohlenfassen ein ganzes Skelett blos.

Das Ganze war ein altes bewegliches Skelett, das der

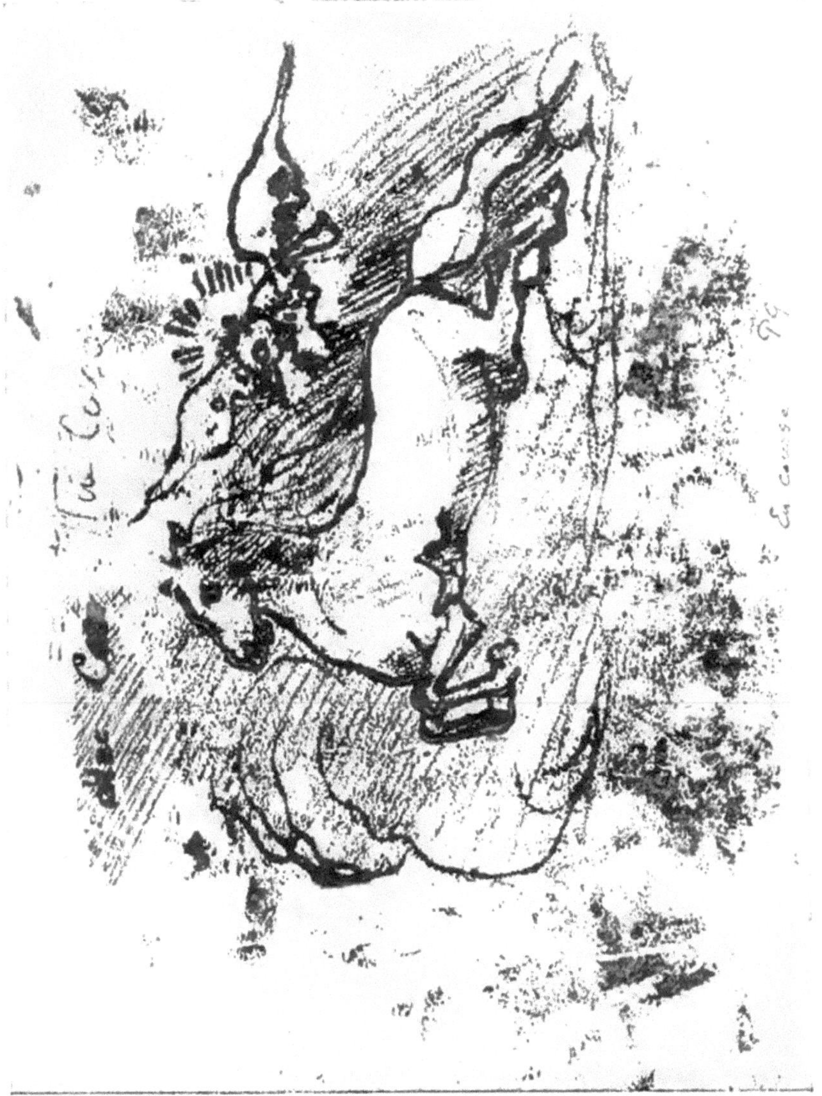

Maler Jobbé Duval benutzt und in den Keller geworfen
hatte, als es gänzlich aus den Fugen war.

Wie ihr seht, liegt der Fall äußerst einfach; immerhin ist
der Zusammenhang bizarr. Hütet euch vor Edgar Poe.
Und ich selbst, der die Lektüre wieder aufnahm, dachte
an die schwarze Katze und begann an den Panther zu
denken, der diese außerordentliche Geschichte Barbey
d'Aurevillys „Glück im Verbrechen" einleitet.

Häufig auch findet man in einem Buche eine ähnliche
oder gleiche Geschichte wieder wie die, die der Autor
erzählt.

Ich besuchte mitunter die Dienstage dieses trefflichen
Menschen und Dichters namens: Stefan Mallarmé. An
einem dieser Dienstage sprach man von der Kommune,
und auch ich sprach von ihr.

Als ich einige Zeit nach dem Ereignis der Kommune
von der Börse kam, betrat ich das Café Mazarin. An
einem Tisch saß ein militärisch aussehender Herr, der
mich mit Gewißheit an einen alten Schulkameraden erinnerte, und der mich, da ich ihn allzu aufmerksam betrachtete, hochmütig den Schnurrbart drehend fragte:
„Bin ich Ihnen etwas schuldig?" „Entschuldigen Sie,"
sagte ich, „sind Sie nicht vielleicht in Loriol gewesen?
Ich heiße Paul Gauguin." Darauf er: „Ich heiße
Denneboude."

Die Wiederbekanntschaft wurde alsbald geschlossen und
wir erzählten uns gegenseitig, was man geworden war.
Er war als Offizier aus St. Cyr kommend von den Preu-

ßen gefangengenommen worden und hatte beim Einrücken der Versailler Truppen in Paris ein Bataillon befehligt. Durch die Champs Elysées, Place de la Concorde einmarschierend und nach der Gare St. Lazare aufrückend, stieß er mit seinem Bataillon auf eine Barrikade und machte Gefangene. Unter den Gefangenen befand sich ein tapferer Pariser Bengel von ungefähr dreizehn Jahren, der mit dem Gewehr in der Hand gefangen worden war.

„Verzeihung, Herr Hauptmann," rief der Junge, „ich möchte, ehe ich sterbe, meiner armen Großmutter Lebewohl sagen gehn. Sie wohnt da oben in der Mansarde, die Sie sehen. Aber beruhigen Sie sich. Es dauert nicht lange."

„Scher Dich fort."

Ich wollte dem braven Denneboude, dem Jugendfreund, die Hand schütteln. Aber ich tat es nicht und er fuhr fort:

„Wir zogen die Straße bis zur Barrière Clichy weiter, aber ehe wir ankamen, erschien außer Atem der Junge und rief: „Hier bin ich, Herr Hauptmann."

Und ich, Gauguin, ängstlich: „Was machtest Du mit ihm?"

„Nun ja," sagte er, „ich habe ihn füsiliert. Du verstehst. Meine Soldatenpflicht . . ."

Von Stund an glaubte ich zu verstehen, was diese berühmte Soldatenpflicht ist und da der Kellner vorbeikam, zahlte ich wortlos das Bier und floh presto, illico, mit verstörtem Herzen.

Stefan Mallarmé holte einen prächtigen Band Victor Hugo und begann mit dieser Zauberstimme, die er so trefflich beherrschte, vorzulesen: Dieselbe Geschichte, die ich eben erzählte. Am Ende nur läßt Hugo in großer Achtung vor dem Menschlichen den jungen Helden nicht erschießen.

Ich war verwirrt und fürchtete, als Schwindler zu gelten. Gottlob versteht man sich unter anständigen Menschen, nicht wahr?

Ein Einband schon, der den Namen Lamartine trägt, erinnert mich an meine angebetete Mutter, die keine Gelegenheit verpaßte, ihren „Jocelyn" zu lesen.

Bücher! Wieviel Erinnerungen!

Der Marquis von Sade interessiert mich nicht, versichere ich Ihnen, aber weiß Gott nicht um der Tugend willen.

Vor mir eine Photographie nach einem Bild von Degas. Parkettlinien laufen zum Horizontpunkt, den er da hinten, sehr weit, sehr hoch hinsetzte. Die Linie der Tänzerin kreuzt sie, rhythmischen, manierierten, von vornherein bestimmten Schrittes. Ihr einstudierter Blick richtet sich auf den Mann im Vordergrund in der linken Ecke. Auch Harlekin, eine Faust auf der Hüfte, eine Maske in der anderen Hand schaut. Wo ist das Symbol? Ist es die ewige Liebe, die traditionelle Afferei, die man Koketterie heißt? Nichts von alledem. Es ist Choreographie.

Darunter ein Porträt von Holbein aus dem Dresdener Museum. Ganz kleine Hände, zu kleine Hände ohne Muskel und Knochen. Diese Hände ärgern mich und ich sage: „Diese Hände sind nicht von Holbein."

Ein Ding bringt das andre mit sich und so sage ich, daß etwas andres mich ärgert, nämlich die Begutachtung von Bildern in den Händen von Menschen, die in keinem Fall Experten sein können.

So werden alle Bilderauktionen im Hotel des Ventes von einem Taxator und einem Experten, der Händler ist, veranstaltet. Der Kaufmann ist wie der Kritiker (und vom Kaufmann gilt's in erster Linie), das heißt: Sie reden von Dingen, die sie nicht verstehen. Mitunter hat der Kaufmann einen Riecher für Hausse oder Baisse und auch da nur für den Augenblick selbst. Denn in der Zukunft fällt er immer herein. Was aber das echte oder falsche Bild betrifft, davon versteht er nichts. Weiß er, ob es ein gutes oder schlechtes Bild ist? Niemals. Dies ist im übrigen das Unglück des Malers, der keinen Händler hat, der fähig wäre, ein Talent zu erkennen. Dies vorausgesetzt — und man muß es voraussetzen, so klar liegt der Fall — wie soll man den Titel Expert be-bezeichnen!!? Ein Geschäftstüchtiger, der sich aufdrängt und den man wohl oder übel bezahlen muß.

Allegorie, Symbole, Attribute! Was die Denkmäler unserer guten Stadt Paris betrifft, so pantscht man beträchtlich herum.

Der Schriftsteller darf unmöglich ohne Buch und Gänsefeder erscheinen, zum Klistiererfinder gehört ein Klistier. Wenn man jemals in London G. Wells ein Denkmal setzt, fordere ich für ihn seinen Rayon Ardent. Aber wenn man morgen Santos Dumont ein Denkmal setzt, muß man da einen Ballon aushauen? Und wie wird man für Pasteur die Bazillenkulturen ausdrücken?

Noch etwas, das nach nichts aussieht und doch etwas bedeutet — das ist die Verherrlichung aller Arten von Allegorien, Landwirtschaft, Fischzucht usw. in einer Entfernung von fünfzig Metern über dem Boden. So ist beim Trocadero das ganze Dach so garniert, ohne daß man sagen kann, ob es Kunstwerke oder Rüben sind. Und dann, wo bleibt die Signatur? Man spricht von Mäzenatentum, man müsse die Künstler belohnen ... Zugegeben, aber dann holt mir das ganze Zeug herunter und schmückt die unteren Galerien damit. Aber sieh da, sieh da ... es gäbe Künstler unter ihnen, deren Ruf noch tiefer sänke.

Es gibt Menschen, die sich als Spanier ausgeben und nur falsche Spanier sind ...

Am Rathaus ist es ebenso. Aus den Nischen schauen uns die Pariser Bürgermeister an und finden uns sehr klein. Wir betrachten sie auch, bloß um zu sehen, ob das Wetter schön ist, und finden sie noch kleiner.

Mitunter sieht man erstaunliche Dinge, wenn man in die Luft guckt. Eines schönen Tages kam eine junge Dänin, die durch unsre Hauptstadt bummelte, an der Notre Dame de Paris vorbei. Die Raben krächzten, weshalb sie den Kopf hob. Sie sah, wie sich von dem einen der beiden Türme eine merkwürdige, wie eine Flamme geformte schwarze Fahne löste.

Diese Fahne schwankte seltsam hin und her. Es war eine junge Frau, die auf dem Gitter hängenblieb, da die Eisenspitze ihr die Brust durchbohrt hatte. (Erinnerungen aus der Morgue.)

Beim Preisausschreiben für Denkmäler: ein Bildhauer und ein Architekt für das Piedestal. Der Bildhauer findet, daß ein großes Piedestal seine Figur verdirbt, der Architekt findet, daß vor allem sein Piedestal wichtig wäre.

Was ist bei diesem Denkmal das Wildbret und was die Sauce?

Oh, diese Preisausschreiben!

Ein Glück, daß der Petersdom in Rom nicht im Preisausschreiben geschmückt wurde.

Beim Preisausschreiben für den berühmten Wagen, der den Arc de Triomphe krönen sollte, sah ich den Entwurf von Falguière. Er hatte, wie man so sagt, Schmiß. Die Pferde hatten eine Weichheit der Flanken, die uns entzückte.

Als das Denkmal erst an Ort und Stelle stand, sah ich nur noch die Bäuche der Pferde. Ein namhafter Bildhauer, dem ich diese Beobachtung mitteilte, antwortete mir: „Schließlich muß eine da oben hingesetzte Statue einem da oben hingesetzten lebenden Menschen gleich sein."

134

Hm! Hm!

Eines Tages aß ich mit Dalou bei demselben namhaften Bildhauer und er sagte: „Herr, die Bildhauerei wird republikanisch sein oder gar nicht."

Déroulède übertrumpft.

Die jungen Leute, die sich der Kunst weihen, werden keine nahrhafte Milch in Konservenbüchsen finden. In diesem Fall ist die Schule die Konservenbüchse.

Seid geizig nur mit dem Titel, „Freund", und hütet euch, eure Dummheiten zu verschwenden.

Man stiehlt viel von Degas und er beklagt sich nicht. In seinem Malicenschatz hat er so viel Edelsteine, daß ein Kiesel mehr oder weniger ihn nicht arm macht.

Etwas von Albert Wolff im Figaro:

„Die Nachwelt stellt die Menschen immer an die richtige Stelle. Sie läßt die einen von ihrem Sockel heruntersteigen, auf den sie sich durch Bluff geschwungen hatten, um anderen Platz zu machen, die darauf Anrecht haben. So können die großen Verkannten ihren Weg in dem festen Glauben an eine oft langsame aber im geeigneten Augenblick immer sichere ewige Gerechtigkeit fortsetzen."

Albert Wolff? Ein Krokodil!

Meine Großmutter war eine komische, gute Frau. Sie nannte sich Flora Tristan. Proudhon sagte, daß sie genial war. Da ich sie nicht kannte, halte ich mich an Proudhon.

Sie erfand einen Haufen sozialistischer Dinge, unter andern die Union ouvrière. Die dankbaren Arbeiter errichteten ihr ein Denkmal im Friedhof von Bordeaux.

Wahrscheinlich konnte sie nicht kochen. Ein sozialistischer, anarchistischer Blaustrumpf! Man schreibt ihr zusammen mit Papa Enfantin die Gründung einer Genossenschaft, einer Art Religion zu: Die Religion von Mapa, wobei der Gott Ma Enfantin und sie die Göttin Pa gewesen wäre.

Ich kann Wahrheit und Dichtung nicht auseinanderhalten und ihr könnt daraus machen, was ihr wollt. Sie starb 1844. Ihrem Sarge folgten viele Abordnungen.

Immerhin kann ich mit Bestimmtheit behaupten, daß Flora Tristan eine sehr hübsche und edle Dame war. Sie war mit Madame Desbordes-Valmore innig befreundet. Auch weiß ich, daß sie ihr gesamtes Vermögen für die Arbeiterfrage verbrauchte, da sie fortwährend auf Reisen war. Einmal reiste sie nach Peru, um ihren Onkel, den Bürger Don Pio de Tristan de Moscoso (Familie d'Aragon), zu besuchen.

Ihre Tochter, meine Mutter, wurde gänzlich in einer Pension erzogen, der Pension Bascaus, einem durchaus republikanischen Hause.

Dort lernte mein Vater Clovis Gauguin sie kennen. Mein

Vater war derzeit politischer Leitartikler an der Thiers'
und Armand Marast'schen Zeitung: Le National. Ahnte
mein Vater nach den Ereignissen von 48 (ich wurde
am 7. Juni 48 geboren) den Staatsstreich von 1852? Ich
weiß es nicht. Immerhin faßte er den Plan, nach Lima
zu reisen, um dort eine Zeitung zu gründen. Der junge
Hausstand hatte einiges Vermögen.
Er hatte das Unglück, an einen furchtbaren Kapitän zu
geraten, was ihm außerordentlich schadete, da er ein
weitvorgeschrittenes Herzleiden hatte; so brach er denn
auch, als er in Fort Pamine in der Meerenge von Ma-
gellan an Land gehen wollte, im Boot zusammen. Er war
an einem Aderbruch gestorben.

Dies ist kein Buch, ebensowenig sind es Memoiren und
erzähle ich diese Dinge, erzähle ich sie nebenbei, weil
mir im Augenblick ein Haufen Kindheitserinnerungen
durch den Kopf gehen.
Der Alte, der sehr alte Onkel Don Pio verliebte sich voll
und ganz in seine reizende Nichte, die seinem Lieblings-
bruder Don Mariano so ähnlich sah. Don Pio hatte sich
mit achtzig Jahren wiederverheiratet und dieser Ehe ent-
stammten mehrere Kinder, unter anderen Etchenique,
der lange Präsident der Republik Peru war.
Zusammen war es eine große Familie und meine Mutter
war unter ihnen das rechte verwöhnte Kind.
Ich habe ein erstaunliches Gedächtnis für Dinge, die ich
gesehen habe, und ich erinnere mich an diese Zeit, unser

Haus und einen Haufen Erlebnisse, das Denkmal vor dem Präsidentenpalast, die Kirche, deren ganz aus Holz geschnitzte Kuppel erst nachträglich aufgesetzt worden war.

Noch sehe ich unser kleines Negermädchen, die uns gemäß der Vorschrift den kleinen Gebetteppich in die Kirche nachtragen mußte. Ich sehe auch unseren Diener, den Chinesen, der sich so gut aufs Wäscheplätten verstand. Ubrigens war er es, der mich in einem Spezereigeschäft fand, wo ich zwischen zwei Melassefässern saß und an einem Zuckerrohr lutschte, während meine verzweifelte Mutter mich allerorts suchen ließ. Ich habe immer diese Neigung zur Flucht gehabt, denn in Orleans, im Alter von neun Jahren, fiel es mir ein, in den Bondyer Wald mit einem sandgefüllten Taschentuch zu fliehen, das ich an einem Stock über der Schulter trug. Ein Bild hatte mich verführt, das einen Reisenden mit seinem Bündel und seinem Stock über der Schulter darstellte. Obacht vor Bildern! Glücklicherweise griff mich der Schlächter unterwegs auf und führte mich in die mütterliche Behausung zurück, wobei er mich einen Schlingel schalt. In ihrer Eigenschaft als hochadlige spanische Dame war meine Mutter sehr heftig und ich erhielt von einer kautschukweichen Hand ein paar Ohrfeigen. Allerdings umarmte und streichelte meine Mutter mich unter Tränen einige Minuten später.

Aber greifen wir nicht vor und kommen wir auf unsre Stadt Lima zurück. In dieser Zeit war in Lima, diesem

köstlichen Lande, in dem es niemals regnet, das Dach
eine Terrasse und die Besitzer waren mit Wahnsinn be-
steuert; heißt, daß sich auf der Terrasse ein an einen Ring
angeketteter Wahnsinniger befindet, den der Besitzer oder
Mieter sehr einfach ernähren muß. Ich erinnere mich,
daß eines Tages meine Schwester, das kleine Negermädchen und ich — wir schliefen in einem Zimmer,
dessen offene Tür auf einen inneren Hof ging — er-
wachten und gerade uns gegenüber den Verrückten sehen
konnten, der die Leiter heruntersteig. Der Mond erleuchtete den Hof. Keins von uns wagte, den Mund zu
öffnen. Ich sah und sehe es noch, wie der Verrückte in
unser Zimmer tritt, uns ansieht und alsdann ruhig wieder
auf seine Terrasse klettert.

Ein andermal erwachte ich nachts und sah das ausge-
zeichnete Bild des Onkels, das im Zimmer hing. Er sah
uns mit starren Augen an und bewegte sich.

Das war ein Erdbeben.

Man kann sehr tapfer, sogar sehr schlau sein, man bebt
mit dem Erdbeben. Jeder empfindet ein gleiches Gefühl
und keiner leugnet, es empfunden zu haben.

Ich erfuhr es später, als ich auf der Reede von Iquique
einen Teil der Stadt zusammenkrachen und das Meer
mit den Schiffen spielen sah wie mit Bällen, die man mit
dem Schläger schlägt.

Ich wollte niemals Freimaurer werden, weil ich keiner
Gesellschaft beitreten mochte, sei's aus instinktivem Frei-
heitsdrang, sei's mangels Geselligkeitgefühls. Immerhin

erkenne ich den Nutzen dieser Gesellschaft an, wenn es sich um Seeleute handelt. Denn just auf dieser Iquiquer Reede sah ich, wie ein Kauffahrteischiff von einer sehr starken Springflut fortgerissen wurde und Gefahr lief, an den Felsen zu zerschellen.

Es setzte seinen Freimaurerwimpel im Topp und sofort sandten ihm ein gut Teil der auf Reede liegenden Schiffe Bergungsmannschaften, um es vor den Wind zu drehen. So wurde es gerettet.

Meine Mutter liebte, ihre Streiche im Präsidentenpalais zu erzählen. Unter anderem:

Ein höherer Armeeoffizier, der indianisches Blut in den Adern hatte, rühmte sich, Piment sehr gern zu essen.

Bei einem Essen, zu dem der Offizier geladen war, ging meine Mutter in die Küche und bestellte zwei Schüsseln Piment. Die eine war normal, die andere außerordentlich stark gewürzt. Beim Essen ging meine Mutter mit ihm zu Tisch, und während allen anderen die normale Schüssel gereicht wurde, servierte man dem Offizier die gewürzte.

Das Feuer spritzte ihm aus den Augen, vor allem, als er sich eine Riesenportion aufgeladen hatte und das Blut zu Kopf steigen fühlte. Und meine Mutter fragte ihn ganz ernsthaft: „Ist das Gericht schlecht gewürzt und finden Sie es nicht scharf genug?"

„Im Gegenteil, gnädige Frau, das Gericht ist ausgezeichnet." Und der Unselige hatte den Mut, seinen Teller bis zur Nagelprobe zu leeren.

Wie reizend und hübsch war meine Mutter, wenn sie ihr Limaisches Kostüm anzog, die Seidenmantille das Gesicht bedeckte, die nur ein Auge frei ließ, dieses so sanfte, so befehlende, so reine und so zärtliche Auge.

Noch sehe ich unsere Straße, wo die Hühner den Kehricht fressen kamen. Denn damals war Lima noch nicht die große, prächtige Stadt von heute.

So verrannen vier Jahre, als eines schönen Tages Eilbriefe aus Frankreich kamen. Wir mußten heimreisen, um die Erbschaft des Großvaters väterlicherseits zu regeln. Meine in Geldgeschäften so unpraktische Mutter kehrte nach Frankreich, nach Orleans zurück. Sie tat unrecht daran. Denn im folgenden Jahre 1856 ließ sich der alte Onkel, müde den Herrn Tod mit Erfolg geneckt zu haben, überraschen.

Don Pio de Tristan de Moscoso war nicht mehr. Er war 113 Jahre alt geworden. Zum Gedächtnis seines vielgeliebten Bruders hatte er meiner Mutter eine Rente von 5000 Goldpiastern ausgesetzt, was etwas über 25000 Franken ausmachte. Die Familie verdrehte dem Greise auf dem Totenbett seinen Willen, nahm das ungeheure Vermögen und verpraßte es in toller Verschwendung in Paris. Eine einzige Cousine ist in Lima geblieben und lebt noch da, sehr reich, im Zustand einer Mumie. Die Mumien von Peru sind berühmt.

Etchenique kam im folgenden Jahr, um meiner Mutter einen Vergleich vorzuschlagen. Diese, noch immer stolz, antwortete: Alles oder nichts. Es wurde: Nichts.

Obschon nicht im Elend lebten wir dennoch von Stund
an äußerst einfach.

Viel später — ich glaube 1880 — kam Etchenique wieder
als Gesandter nach Paris, beauftragt, mit dem Comptoir
d'Escompte die Garantie der Peruanischen Anleihe zu
regeln. (Guanoangelegenheit.)

Er stieg bei seiner Schwester ab, die in der Rue de Chail-
lot ein prachtvolles Haus hatte und als diskreter Ge-
sandter erzählte er, daß alles zum besten ginge. Meine
Cousine, spielbesessen wie alle Peruanerinnen, hatte nichts
Eiligeres zu tun, als im Hause Dreyfus die Peruanische
Anleihe auf Hausse zu spekulieren.

Das Gegenteil war richtig, denn einige Tage später waren
Peru unverkäuflich. Dieser Spaß kostete sie etliche Millionen.

„Caro mio," sagte sie mir, „ich bin ruiniert. Ich habe
jetzt nur noch acht Pferde im Stall. Was wird aus mir??"
Sie hatte zwei wunderbar schöne Töchter. Ich erinnere
mich an die eine, ein Kind in meinem Alter, das ich,
scheint es, zu vergewaltigen versucht hatte. Ich war damals sechs Jahr alt. Die Vergewaltigung kann nicht so
böse gewesen sein und vermutlich hatten wir beide nur
den Gedanken eines harmlosen Spiels.

Wie man sieht, ging mein Leben immer hopp hopp und
war recht bewegt. Viel Mischungen in mir — Grober
Matrose. — Zugegeben. — Aber ich habe Rasse oder
besser noch, zwei Rassen.

Ich brauchte es nicht hinzuschreiben, aber warum schriebe

ich es schließlich nicht? Ohne andres Ziel als dieses, mich zu unterhalten.

Und ich brauchte Unterhaltung in diesen Tagen, auf meiner kleinen Insel durch die Überschwemmung eingeschlossen, wie ich es euch oben erzählte. Kaum sind Überschwemmung und Gewitter vorüber, richtet sich jeder ein, wie er kann, spaltet die entwurzelten Bäume, baut überall kleine Stege, um von Nachbar zu Nachbar verkehren zu können. Man wartet auf die Kurierpost, die nicht ankommt, und ein Riesenglück vorausgesetzt, hoffen wir, daß in einem Jahr die Verwaltung geruhen wird, unsere Schäden zu reparieren und uns ein wenig Geld zu schicken.

Mit der Kurierpost soll überdies ein Richter eintreffen, um die Untersuchung über ein Verbrechen einzuleiten. Hier folgt ein Brief, den ich für den Richter entworfen habe, ein Brief, der euch ein wenig über die Art und Weise unterrichten wird, wie man die französischen Kolonien verwaltet.

Atuana. Im Januar 1903.

Herr. Untersuchungsrichter!

Gestatten Sie mir, Ihnen bezüglich der Mordtat, deren Untersuchung Sie leiten werden, einige Aufklärungen zu geben.

Es handelt sich um einen Mann, der vielleicht mangels Entlastungsbeweisen unschuldig als Mörder verurteilt werden würde.

Wir als Publikum können die Berichte des Gendarmerie-
wachtmeisters nur ungenau kennen; dafür kennen wir
alles, was unterlassen wurde. Und zwar, weil wir uns
bemühten, selbst die Aufgabe zu lösen.
Ist es denn unsre Sache, die Polizei zu spielen?
Der Wachtmeister soll den Neger verhört haben, dann
Opfer und Freundin in Bausch und Bogen. Das ist alles,
heißt, beinahe nichts.
Darauf wurde das Opfer einem Heilgehilfen zur Untersuchung und Pflege überwiesen. Dieser ist, wenn er auch in
Papeete eine kurze Lehrzeit am Krankenhaus durchge-
macht hat, ein darum nicht weniger leichtsinniger und
unerfahrener junger Mann.
Zwei Tage später meldete mir ein Gerücht, daß diese
Frau eine scheußliche Wunde in der Vagina hätte, die
völlig in Fäulnis übergegangen sei.
Ich konnte nicht auch nur einen Augenblick mutmaßen,
daß solche Wunde unbemerkt geblieben wäre, und ich ach-
tete nicht auf das Gerede. Erst vierzehn Tage nach der
Affäre kam der Apotheker, mich um Rat zu bitten und
erklärte, die Frau hätte, vor Schmerzen ganz am Ende,
gestanden, eine schwere Wunde an der Vagina zu haben.
Zahlreiche Fliegenmaden saßen darin, und sie verbreitete
einen solchen Gestank, daß er fast erstickte, nahe an der
Ohnmacht war und nur sehr unzureichende Pflege ihr
angedeihen lassen konnte. Das Ganze war zerfetzt. Schon
war Brand hinzugekommen und sie starb.
Man kann bereits jetzt behaupten, daß letzterwähnte

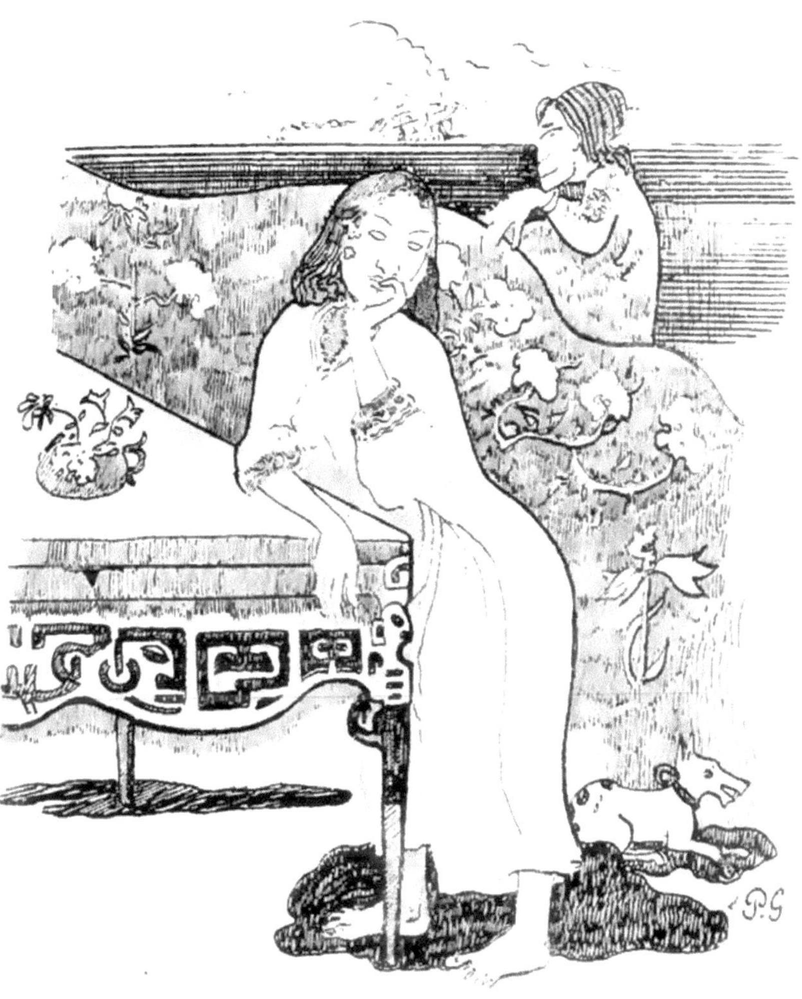

à quoi penses tu ? Je ne sais pas.

Verwundung die einzige Ursache zum Tode dieser
Frau war.

Hat sie der Neger ihr beigebracht?

Und was tat man, um es zu ergründen?

Wer ist für diese Unterlassung verantwortlich? Gewißlich nicht Sie, Herr Untersuchungsrichter, der Sie sehr
viel später hier eintreffen und nicht einmal mehr unterrichtet werden können.

Die Gendarmerie hat sich damit begnügt, fast zufällig
von Anfang an den Neger, das Opfer und die Freundin
zu vernehmen.

Seither hat sie kein neues Verhör vorgenommen und die
letzterwähnte Verwundung ignoriert oder doch ignorieren
wollen; sie ignorierte den Liebhaber, während das Publikum sich so sehr über ihn aufregte, daß ein Kolonist
dem Wachtmeister Mitteilung machte, der Liebhaber
hätte sich um drei Uhr nachmittags, obschon seine Wohnung sehr weit von der des Negers entfernt ist, dort in Begleitung des Opfers und der Freundin befunden.

Die Absicht, den Liebhaber zu retten, ist fast augen-
scheinlich.

Der Wachtmeister wußte, wie jeder hier, ganz genau, daß
Pastor Vernier und ich (vornehmlich Herr Vernier) viel
von Medizin verstehen.

Warum hat er uns in diesem Fall nicht zu Rat gezogen?
Vermutlich aus Eitelkeit. Dieser Eitelkeit eines dummen
und rechthaberischen Gendarmen.

Ich erkläre ohne Besinnen, daß, wäre ich zugezogen

worden, diese dritte Wunde mir nicht entgangen und daß
es mir ein leichtes gewesen wäre festzustellen, ob sie mit
einem Messer beigebracht worden ist.

Ich erkenne indessen an, daß die beiden anderen Wunden
untersucht und sondiert worden sind. Diese Untersuchung
erhellte, daß beide von einem mittelgroßen Messer, nicht
von einem Nicker herrührten.

Dies Messer soll im Gestrüpp gefunden worden sein.

Wenn nun ein Widerspruch zwischen der Aussage der
beiden Frauen und den Beobachtungen besteht, sollte
man da nicht eine absichtliche Lüge mutmaßen, die das
Gericht irreführen soll?

Einwandfrei aber steht das völlige Verschweigen der
dritten Wunde von Anfang bis zu Ende fest, dieser Wunde,
die die tödliche war, und deren sie keinen beschuldigen
wollte, nicht einmal den Neger.

Ihr Liebhaber, der jeden Tag an ihrem Bett saß, zwang
sie mit glühenden Liebesschwüren, denen er Drohungen
beigesellte, zum Schweigen. Zu einem Schweigen, in dem
das arme Opfer bis zu seiner letzten Stunde verharrte.

Man muß notgedrungen erkennen, daß ein leidenschaft-
liches Interesse (das Liebe ist) vorliegen muß, um einen
Mörder zu retten, der der Liebhaber ist. Und was diesem
Verdacht Nachdruck verleiht, ist, daß die schreckliche
Verwundung in der Vagina mit einem Stück Holz beigebracht wurde, das alles überallhin zerriß, und von dem
einige Splitter (nach dem Geständnis des Opfers) von ihm
aus der Wunde gezogen worden sind. ·

Das ist die Tat eines Eingeborenen. Viele Präzedenzien haben uns über die Marquesischen Sitten und Gebräuche aufgeklärt. Der Wilde bricht durch, wenn die Leidenschaft mitspielt und der Dämon der Eifersucht ihn packt. Er stürzt sich auf diesen Teil und erfindet grausamen und tödlichen Koitus.

Die öffentliche Meinung sowohl als auch die Logik wiesen auf diesen Weg, die Lösung des Geheimnisses zu suchen. Und just dieses unterblieb.

Der Liebhaber wurde niemals verhört oder von der Gendarmerie beunruhigt, niemand wurde über ihn vernommen.

Ich sage ausdrücklich: Die Gendarmerie. Denn der neue Wachtmeister folgt dem Schlendrian seines Vorgängers und will nichts, absolut nichts wissen.

Heute wäre es viel zu spät, und dieser Eingeborene fände so viel falsche Zeugen, wie erforderlich, die ihm nach Marquesischem Brauch sein Alibi nachweisen würden. Wo bleibt in Zukunft unsere Sicherheit, wenn die Gendarmerie, stets von ihren Vorgesetzten gedeckt, an dieser traurigen Tradition weiter festhält, nämlich Kolonisten und Eingeborene zu schikanieren, ohne sie jemals zu schützen.

Ich sage absichtlich: traurige Tradition; denn mit dieser Art des Vorgehens sind stets alle auf den Marquesas begangenen Verbrechen seitens des Gerichtes als unaufgeklärt betrachtet worden und somit ungerächt geblieben. Während das Publikum, auf indirektem Wege unterrichtet, umgehend die Wahrheit zu erkennen vermochte.

Ist ein Verbrechen begangen, bedroht der Schuldige die Indiskreten mit dem Tode. Und das genügt. Alle — wenn nicht offiziös — schweigen doch offiziell und haben leichtes Spiel mit den Gendarmen, die so gern wenig scharfsichtig sind.

Paul Gauguin.

Gestatten Sie!

Ich möchte Ihnen eine Menschenklasse vorstellen, von der Sie nichts ahnen. Es sind die Kolonialinspektoren. Jeder kostet uns durchschnittlich 50—80000 Franken jährlich.

Sie erscheinen so liebenswürdig wie nur möglich in der Kolonie, sind beauftragt, jeden mitanzuhören, der etwas zu sagen hat, und beträufeln jeden mit Weihwasser.

Bei der Abreise rufen sie: „Endlich! Das wird anders werden, der Minister soll erfahren, was vorgeht."

Siehst de woll, da schauste.

In der Tat ändert sich zuweilen etwas. Aber es wird schlimmer. Und der Kolonist sagt: „Ich fall' nicht wieder darauf herein", was nicht hindert, daß er bei neuer Gelegenheit wieder darauf hereinfällt.

Auch ich will hereinfallen.

Zwei Inspektoren kommen zu uns auf die Marquesas und werden uns als scharmant, liberal, klug, kurz als weiße Raben angezeigt.

Und ich schreibe ihnen:

148

An die Herren Kolonialinspektoren auf der Durchreise
durch die Marquesas.

Meine Herren!

Sie kommen und bitten uns, ja fordern uns auf, Ihnen
alles, was die Kolonie betrifft, schriftlich zu unterbreiten.
Ihnen die Reformen anzugeben, die wir wünschen
könnten. Und dieses alles mit den Kommentaren zu versehen, die unseren Gedanken entspringen.

Ich für meine Person möchte Ihnen nicht das ewige
Schema über Finanzlage, Verwaltung, Landwirtschaft usw.
unterbreiten. Das sind schwierige Fragen, die die Eigen-
tümlichkeit haben, daß sie, je mehr man sich dringend
über sie beschwert, ja selbst heftig über sie polemisiert,
nur desto mehr alle erwähnten Übel vermehren, endlich zum Ruin der Kolonie und zur unverzüglichen Notwendigkeit für den mißhandelten Kolonisten führen, auf
die Suche nach einem anderen, besseren, weniger eigen-
mächtigen und fruchtbareren Land zu gehen.

Ich möchte Sie lediglich bitten, sich persönlich über die
Eingeborenen in unserer Marquesischen Kolonie und das
Verhalten der Gendarmen ihnen gegenüber zu unterrichten.
Und zwar aus folgenden Gründen:

Ein Gerichtshof erscheint nämlich aus Sparsamkeitsrück-
sichten hier etwa alle achtzehn Monate.

Der Richter kommt also, hat es eilig, sein Urteil zu fällen,
und weiß nichts ... nicht, was der Eingeborene für ein
Mensch ist. Sieht vor sich ein tätowiertes Gesicht und
sagt sich: „Ein Kannibale", vor allem, wenn es ihm der

interessierte Gendarm versichert. Und darum, bitte, versichert er es ihm: Der Gendarm zeigt dreißig Kerle an, die spielen und tanzen, und von denen einige Orangenwasser getrunken haben. Die Dreißig werden zu 100 Frs. Geldstrafe verurteilt (hier sind 100 Frs. so viel wie 500 Frs. in jedem andern Land), zusammen 3000 Frs. zuzüglich der Kosten, was für den Gendarmen 1000 Frs., sein Drittelanteil an der Strafe ausmacht.

Dieser Drittelanteil an der Strafe ist in allerletzter Zeit aufgehoben worden. Gleichviel! Die Tradition ist da, niedrige Rachsucht kommt dazu, und wäre es auch nur, um den Beweis zu erbringen, daß sie auch nach der Drittelaufhebung ihre Pflicht tun.

Ich mache besonders darauf aufmerksam, daß schon diese Summe von 3000 Frs. nebst Kosten alles übersteigt, was das Tal in einem Jahr aufbringen kann. Um so eher, wenn für das gleiche Tal noch andere Strafabgaben bestehen, was stets der Fall ist.

Auch bitte ich zu beachten, daß die Verurteilung nach den Zyklonverheerungen stattfindet, die alle Brotbaumschößlinge vernichtet haben, was soviel heißt, daß sie sechs Monate lang ihre einzige Nahrung werden entbehren müssen.

Ist das menschlich, ist das moralisch gehandelt?

Der Richter also erscheint, steigt seinem Willen gemäß in der Gendarmerie ab, nimmt dort seine Mahlzeiten ein und sieht nur den Wachtmeister, der ihm die Akten mit seinen Erläuterungen vorlegt ... „der und der ... alle

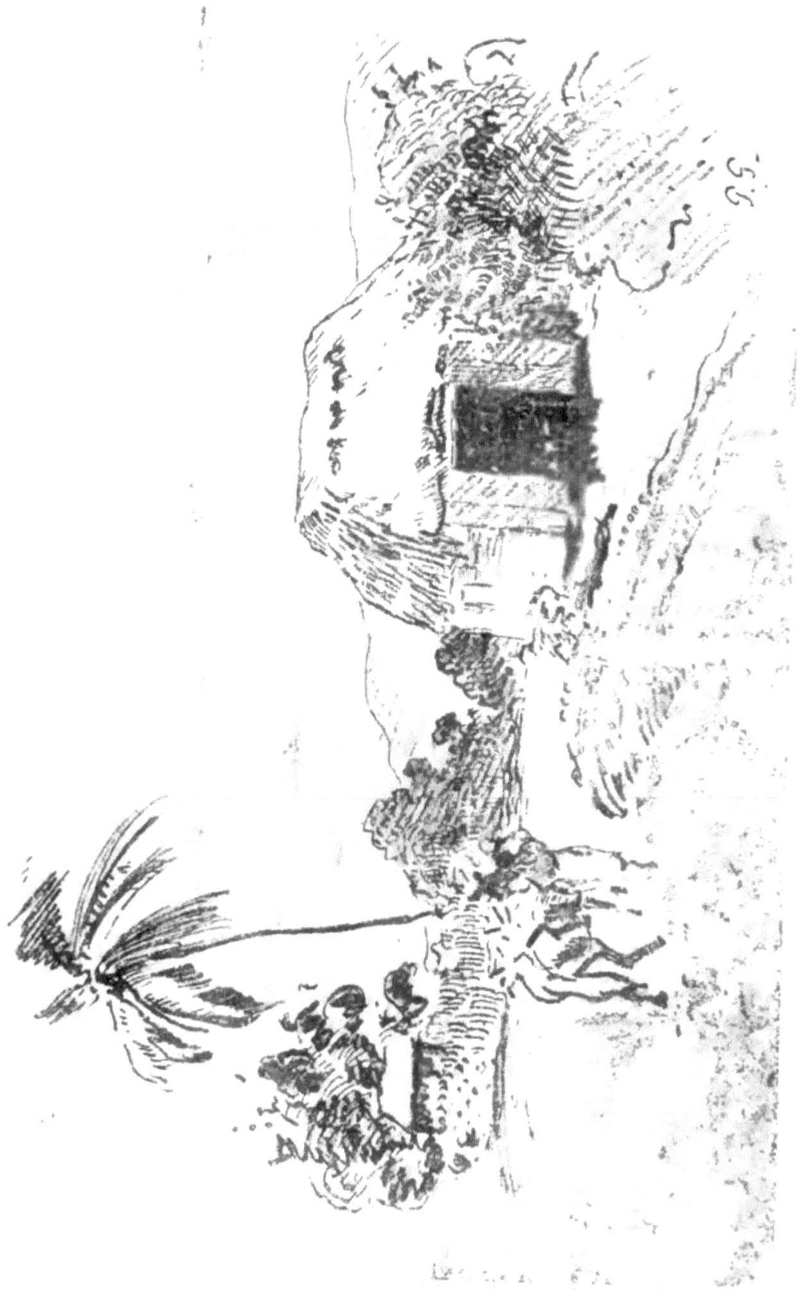

Räuber usw. Sehen Sie, Herr Richter, wenn man nicht
streng mit der Bande ist, werden wir alle ermordet werden ...“ Und der Richter ist davon überzeugt.

Ich weiß nicht, ob das vernünftig ist ...

Bei der Verhandlung wird der Angeklagte mittels Dolmetschers vernommen, der keine Nuance der Sprache
versteht, vor allem nicht die Amtssprache, die sehr schwer
in diese primitive Sprache zu übersetzen ist, es sei denn
mit sehr viel Umschreibungen.

So z. B. fragt man den beklagten Eingeborenen, ob er
getrunken hat. Er antwortet „nein“ und der Dolmetscher
sagt: „Er sagt, er hätte niemals getrunken.“ Ruft der
Richter: „Aber er ist ja wegen Trunksucht vorbestraft.“

Der von Natur einem Europäer gegenüber sehr schüch-
terne Eingeborene, den er für klüger und ihm überlegen
hält, in der Erinnerung auch an die Kanone von ehemals, erscheint vom Gendarm, den früheren Richtern
usw. verängstigt vor dem Gerichtshof und zieht es vor
zu gestehen, selbst wenn er unschuldig ist. Denn er weiß,
daß Leugnen eine noch härtere Strafe nach sich zieht.

Das ist das Regime des Terrors.

Es muß festgestellt werden, daß ein Gendarm mehreren
Eingeborenen ein Strafmandat zugestellt hat, weil sie ihre
Kinder nicht in Hochwürdens Schule schicken wollten,
eine Religionsschule, eine Freie Schule.

Es muß festgestellt werden, daß der Richter sie verurteilt hat!

Ist das gesetzlich?

Die Gendarmen stehen gegenüber den Eingeborenen auf Posten, die ihnen eine unbeschränkte Macht geben, Gendarmen, deren Aussagen bei Gericht als Beweis gelten, die keiner direkten Kontrolle unterstehen und Interesse daran haben, sich zu bereichern und zu Lasten der armen, aber freigebigen Eingeborenen zu leben. Der Gendarm runzelt die Brauen, und der Eingeborene gibt Hühner, Eier, Schweine usw., sonst wehe, die Strafanzeige.

Wenn zufälligerweise, was seine Schwierigkeiten hat, ein ein klein wenig beherzter Kolonist einen Gendarmen bei einem Vergehen abfaßt, fällt augenblicklich alles über den Kolonisten her. Und das Schlimmste, was daraufhin erfolgen kann, ist eine kleine Standpauke sozusagen vom Leutnant (in stiller Kammer) und seine Versetzung. Der Gendarm hier ist grob, unwissend, käuflich und grausam in der Ausübung seiner Pflichten, aber sehr geschickt sich zu decken. Gibt man ihm ein Trinkgeld, so können Sie sicher sein, daß er Rechnungen darüber besitzt. Wie soll ich offiziell das ausdrücken, was offiziös jeder sagt?

Und ohne Überlegung wird er hier neben seiner Stellung als Gendarm zum Notar, Spezialunteragenten, Steuereinnehmer, Gerichtsvollzieher, Hafenmeister verpflichtet... kurz zu allem, außer zur Garantie, etwas zu wissen und ehrlich zu sein.

Indessen muß man bemerken, daß er stets verheiratet ist, ohne die zahllosen Geliebten zu zählen, die sich ihm immer hingeben, weil sie fürchten, ohne das vorschrifts-

mäßige Weinblatt im Fluß gesehen worden zu sein und
in Strafe genommen zu werden.

Ferner ist zu bemerken, daß seine Frau, mag sie nied-
rigster Herkunft sein, nicht ohne Bedienung auskommt,
wozu man heranholt, wen man gerade bei der Hand hat,
sei es einen Gefangenen, sei es den Gefängniswärter; und
alles zu Lasten der Steuerzahler.

Aber handelt es sich um Verbrechen, Mord ... ändert
sich das Bild gänzlich. Der Gendarm, der an seiner
Stellung hängt, beeilt sich, das Vertuschen zu begünstigen
und geht nach links, wenn er nach rechts gehen sollte,
fragt keine Seele, selbst wenn der Kolonist ihn aufklärt
und sagt: „Wenn der Untersuchungsrichter kommt, wird
er schon sehen."

Vergleiche die Verbrechen, insbesondere das letzte (Un-
tersuchungssache in Atuana, Februar 1903).

Neben den Gott sei Dank recht seltenen Verbrechen (denn
im allgemeinen ist die Bevölkerung sehr sanftmütig) bleiben einzig die Strafmandate für Trinkerdelikte.

Die Eingeborenen haben keinerlei Zerstreuungen und
nehmen in allem und für alles Zuflucht zum Trunk, den
ihnen die Natur umsonst liefert, Orangensaft, Kokos-
nußblüte, Bananen usw., die einige Tage gären und
weniger schädlich als unsere europäischen Alkoholika
sind.

Seit diesem Trinkverbot, das jüngsten Datums ist und den
Kolonisten ein einträgliches Geschäft unterbindet, denkt
der Eingeborene nur noch an eins, nämlich ans Trinken;

deshalb flieht er aus den Zentren, um sich anderswo zu verbergen und daher die Unmöglichkeit, Arbeitskräfte zu finden. Ebensogut könnte man ihnen sagen, sie sollten wieder in die Wildnis gehen.

Überdies nimmt die Sterblichkeit zu.

Der Gendarm macht sein Geschäft dabei. Menschenjagd. Wie man sieht, eine höchst moralische Sache.

Ich ersuche daher die Herren Inspektoren, ernstlich diese Frage zu untersuchen, um von den Behörden in Frankreich, den Leuten, die sich mit Recht und Menschlichkeit beschäftigen, zu fordern, was ich von ihnen fordere.

1. Auf daß das Recht auf den Marquesas achtungswert und geachtet werde, wird gefordert, daß die Richter mit den Gendarmen ausschließlich dienstlich verkehren und anderweitig wohnen und speisen. (Dafür werden sie bezahlt.)

2. Der Richter wolle die Berichte der Gendarmen nur nach ernstlicher Prüfung entgegennehmen, sich selbst bei den Kolonisten die offiziösen Auskünfte, die ihm von Nutzen sein könnten, holen und vor allen Dingen nur dann Recht sprechen, wenn der Gendarm gesetzlich vorgegangen ist. Und darum fordere ich, daß die die Gendarmerie betreffenden Vorschriften in den Bureaus der Gendarmerie selbst ausgehängt werden, und daß jede vom Gendarm begangene Überschreitung dieser Vorschrift ein rechtlicher Grund für augenblickliche Amtsentsetzung sei und streng bestraft werde.

3. Ich fordere, daß die wegen Trunkes verhängten Geld-

154

strafen dem Vermögen des Landes entsprechen. Denn
es ist unmoralisch und unmenschlich, daß ein Land, das
z. B. für 50000 Frs. Produkte erzeugt, 75000 Frs. Strafe
zahlt, abgesehen von Steuern, Naturallieferungen und
Hafenzöllen, die, nebenbei gesagt, in eine andre als die
Kolonialkasse zur beliebigen Verwendung des Gouver-
neurs fließen.

Dies verhält sich so, meine Herren Inspektoren. Prüfen
Sie während Ihrer Anwesenheit die Zahlen.

Auch fordere ich, daß die Aussage des Gendarmen vor
Gericht nicht vor dem Tage beweiskräftig sei, an dem
eine ernstliche Kontrolle wie bei uns zu Lande sich ermög-
lichen läßt, vor dem Tage ferner, an dem die einheimische
Bevölkerung (in Kenntnis der französischen Sprache) in
der Lage sein wird, gegen den Gendarmen auszusagen,
ohne terrorisiert zu werden, ohne auch durch die Hände
eines Dolmetschers zu gehen, der überaus verdächtig ist,
da er vollständig zur Verfügung des Gendarmen steht
(seine Stellung ist davon abhängig), und im übrigen nur
sehr unvollkommen französisch spricht, was nachgewiesen
werden kann.

Wenn Sie einerseits für sie Ausnahmegesetze machen,
die ihnen das Trinken verbieten, während Europäer und
Neger es dürfen, andererseits aber ihre Aussagen und Be-
teuerungen vor Gericht gleich Null sind, ist es unbegreif-
lich, ihnen zu erklären, daß sie französische Wähler sind,
und ihnen Schulen und anderen religiösen Klimbim aufzu-
drängen.

Seltsame Ironie dieser scheinheiligen Auslegung von Freiheit, Gleichheit und Brüderlichkeit unter französischer Flagge angesichts dieses scheußlichen Schauspiels von Menschen, die nur noch Gegenstand für Besteuerungen aller Art und der Willkür von Gendarmen ausgesetzt sind. Und trotzdem zwingt man sie: „Hoch der Gouverneur, hoch die Republik" zu rufen.

Kommt der 14. Juli, findet man in der Kasse 400 Frs. für sie, während sie selbst außer ihren direkten und indirekten Steuern über 30000 Frs. Strafe gezahlt haben.

Darum meinen wir Kolonisten, dies sei eine Schmach für die französische Republik, und Sie dürfen sich nicht wundern, wenn Ihnen hier ein Fremder sagt: „Ich bin recht froh, kein Franzose zu sein", während der Franzose Ihnen sagen dürfte: „Ich wollte, die Marquesas gehörten Amerika."

Was fordern wir also? Daß Gerechtigkeit Gerechtigkeit sei, nicht leeren Worten nach, sondern tatsächlich, daß man uns zu diesem Behufe kompetente Männer mit bestem Willen hersendet, die an Ort und Stelle die Frage untersuchen und alsdann energisch handeln . . . in aller Öffentlichkeit.

Wenn zufällig die Gouverneure hier vorbeireisen, wollen sie photographieren und wagt ein Ehrenmann, zu ihnen zu sprechen, sie zu bitten, eine Ungerechtigkeit gutzumachen, bilden eine Grobheit oder eine Strafe die Grundlagen der Antwort.

Dies, meine Herren Inspektoren, ist alles, was ich Ihnen

zu sagen hätte, wenn anders es Sie interessiert. Es sei
denn, daß Sie mit Pangloss sagen:
Alles ist zum Besten, in der besten aller Welten.

Mancher weint, mancher greint,
Mancher lacht, mancher lächelt.
Allerhand Nuancen.

In der Gegenwart kann man sagen: „Nie."
Für die Zukunft wär es dünkelhaft.
Sagt man: „Immer", ist es Treue.

AURELIEN Scholl war in Verzweiflung, weil er keine
Brille mehr fand, durch die er hätte sehen können.
Sagte ihm ein Freund: „Sehr einfach! Nimm eine
stärkere Nummer."
„Das ist's ja eben," antwortete traurig Aurelien Scholl,
„für mich bleibt nur noch der Pudel."
Das oben erwähnte Wort: „Treue" nämlich bringt mich
auf das Wort Aurelien.
Ich will damit sagen, daß sich alles verkettet und man
niemals sicher ist, etwas erfunden zu haben. Man muß
sehen und hören können.
Wir verstehen die Dummheit erst richtig, wenn wir sie
an uns selbst ausprobiert haben. Mitunter sagt man sich:
„Herrgott, war ich dumm" — just eben darum merkt
man, daß man anders hätte handeln können. Leider ist
man schon alt, wenn man merkt, daß es Zeit wird nachzudenken.

Lassen wir drum die Dinge wie sie sind, zumal wir sie nicht ändern können, leben wir ohne Schule, folglich ohne Beschränkung.

Im Augenblick beliebt es dem Gendarmeriewachtmeister, den Eingeborenen zu erklären: Er, nicht Herr Gauguin sei der Herr.

Er kann mich ...

Ein rechtes Stück Unglück.

Seine Wäscherin, die kleine Taïa, ist nicht dumm.

Will sie ihm 50 Pfennige abluxen, sagt sie ihm: „Sie sind viel klug", und er gibt sie ihr.

Ich bin der Herr und nicht Herr Gauguin.

Wie finden Sie die kleine Taïa? Ich stelle sie Ihnen als echte Marquesierin vor. Große, runde Augen, ein Fischmund und eine Reihe Zähne, mit denen sie eine Sardinenbüchse aufknacken könnte. Aber laßt sie ihr nicht lange, sie äße sie auf. Jedenfalls kennt sie ihren Wachtmeister aus dem Effeff.

Und dieser selbe Wachtmeister mußte einmal bei den Iles Basses einen unfreiwillig Ertrunkenen herausfischen, dem ein Haifisch ein Bein abgefressen hatte. Er zögerte ihn einzusargen, und ungeduldig sagte der Leutnant: „Worauf warten Sie?"

„Verzeihen, Herr Leutnant, aber es fehlt ein Bein."—

„Gut, tun Sie ihn ohne sein Bein hinein."—

„Verzeihen, Herr Leutnant, aber er hat Würmer."—

„Gut, tun Sie ihn mit Würmern hinein."

Er ist der Herr, nicht Herr Gauguin.

Auf seiner Brust strahlen in vollem Glanze die Medaillen.

Auf seinem roten Gesicht strahlt ohne Glanz der Alkohol.

Weshalb, warum und füglich wir ihm sein Identitätszeugnis ausstellten, gefolgt von seinem Steckbrief.

Grüßt ihn; denn er ist der Herr. Vorwärts marsch. Die Augen rechts! Hüh, Coco! Achtung! Er schlägt vorn und hinten aus.

ICH entsann mich einiger theologischer Studien in meiner Jugend und einiger späteren diesbezüglichen Überlegungen, auch einiger Diskussionen (der Geist der anderen) und hatte Lust, eine gewisse Parallele zwischen dem Evangelium und dem modernen wissenschaftlichen Geist zu ziehen. Daher der Zwiespalt zwischen dem Evangelium und seiner dogmatischen und törichten Auslegung durch die katholische Kirche, der zu Skeptizismus und Haß führt.

Einige hundert Seiten mit dem Titel: Der moderne Geist und der Katholizismus.

Auf Umwegen, sehr auf Umwegen ließ ich diese Manuskriptseiten zum Bischof gelangen.

Daraufhin, vermutlich, um mich zu erdrücken, ließ man mir als Antwort auf Umwegen einen nach Photographien prächtig illustrierten Wälzer zugehen, der die Kirchengeschichte von Anbeginn an ausführlich behandelte.

Wieder sehr auf Umwegen sandte ich das Buch nebst
Beurteilung oder, wenn man will, meiner Kritik zurück.
Damit endete die Diskussion.
Dies meine Antwort auf das Buch:
Vor mir zum Studium, zur Lektüre für einen Profanen
ein heiliges Buch.
Frankreich im Ausland. Hm! „Rom" wäre besser.
Die französischen katholischen Missionen im neunzehn-
ten Jahrhundert.
Sind sie französisch? Das ist zu bezweifeln. Wie dem
auch sei. Frankreich schützt, Rom befiehlt... erhabenes
Konkordat.
430 Seiten in Luxusausgabe, Photographien zum Beleg,
und 12 ehrwürdige Mitarbeiter.
Ehe ich auf die 96 Seiten der Einleitung, des einzig strit-
tigen Punktes im Buche, zu sprechen komme, will ich
hier meiner tiefsten Bewunderung und nicht weniger
meinem Abscheu vor dieser (unbestreitbar) bemerkens-
werten Arbeit, die den zweiten Teil des Buches ausmacht,
Raum geben. Der erbaute Leser kann den Orient ohne
das Geographiebuch Elisée Reclus und ohne Kursbuch
durchreisen.

    „Die Schule zur heiligen Familie in Kairo."

    „St. François Xavier in Alexandria."

Diese beiden Denkmäler an sich genügen zum Beweis,
daß nicht die Kirche sondern die französische Republik
das Gelübde der Armut ablegte.
„Notre Dame de Sion in Ramleh" und vornehmlich „Les

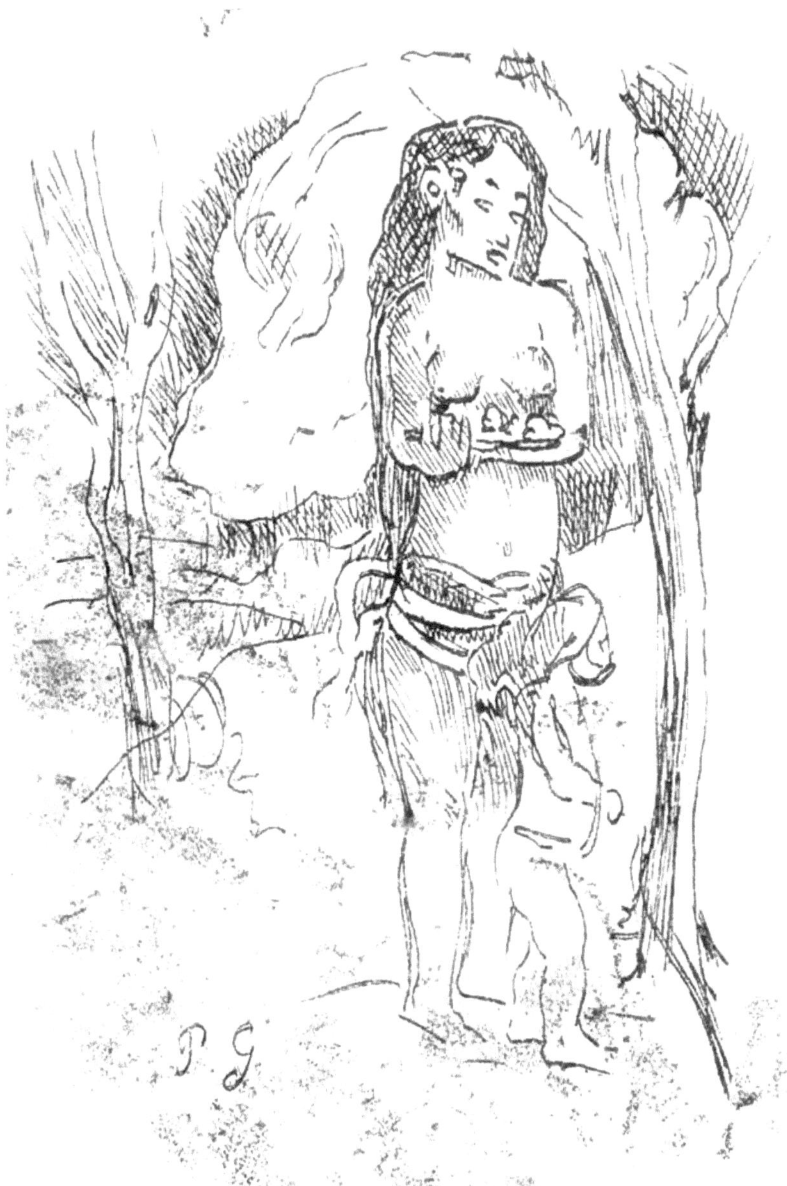

Sœurs de Nazareth“ in Beirut stellen alle Paläste in den Schatten.

Hoffen wir, daß kein neuer Sardanapal diese Paläste in Lustschlösser verwandeln und all diese reizenden Nonnen zu Beischläferinnen machen wird.

Gibt es besseren Beweis gegen diese Kirche als die Schaustellung all dieses Goldes, dieser fast unvergleichlichen Macht in den Händen eines einzigen Menschen, der sich selbst in den Mantel der Unfehlbarkeit hüllte?

Zweitausend Jahre Christentum und dies ist der Erfolg, mit der Hilfe aller Fürsten, mit Strömen von Blut und Tränen, vergossen für die Gier von wenigen, die das Gold der Gläubigen freiwillig oder mit Gewalt an sich reißen. — Im Namen der Barmherzigkeit. —

Ist es nicht bezeichnend? Man sagt heutzutage nicht mehr: „Wir sind groß“, aber man sagt: „Wir sind reich.“

Die politische Geschichte der katholischen Kirche und vornehmlich der Werke der Ordensgesellschaften, regulärer Truppen, wird in diesem Buche sehr gut belegt und ausgezeichnet beschrieben. Fast brutal setzt sie uns einer infernalischen Maschinerie mit vorzüglich organisiertem Räderwerk, an das man kaum herankann, gegenüber. Wir wußten es, aber es war gut, daß die Kirche selbst es uns ausführlich bewies.

Diese politische Geschichte bildet den Hauptteil der Einleitung und interessiert uns nur mäßig. Für die Theologie bleiben nur wenige Zeilen übrig, wenn anders man eine

Reihe von Argumenten, die erklären sollen, warum man zu dieser Kirche gehört, mit Theologie bezeichnen kann. Eine Reihe von Argumenten, die für den aufmerksamen und an derlei gewohnten Leser durchaus merkwürdig und widerspruchsvoll sind, die aber mit dieser den Schülern Loyolas so eigentümlichen spitzfindigen Rhetorik in ihrem eigentlichen Sinn entstellt, der Wahrheit betrügerisch ähnlich sehen.

Prüfen wir sie einen Augenblick.

Auf Seite 4.   Die Vernunft leitet die Philosophie.

„   „   8.   Die dritte Art der Abgötterei, der Glauben an die öffentlichen und nationalen Götter vernichtet einen anderen wichtigen Bestandteil der Kultur: den Frieden. Die Kultur kann zur Basis nicht die Lüge haben.

„   „   10. Die Abgöttereien aber, unfähig, Gesellschaft und Individuen durch Moralgesetze in Ordnung zu halten, haben diese Ordnung durch den Kunstgriff einer starken Hierarchie, die die Völker in Ruhe hielt, gesichert.

Widerspruchsvolle und künstliche Schlußfolgerung. Aber weiter!

An einer anderen Stelle: Platon sagte: „Den Erschaffer und den Vater aller Dinge kennenzulernen, ist ein schwieriges Unterfangen und hat man ihn erkannt, kann man es unmöglich allen sagen.“

Auf Seite 12. Anstatt einer Adelskaste zu gehören, gehört China einer Kaste von Gelehrten, und
die Intelligenz hat alle Rechte.

Hier wollen wir diese Mitteilung vervollständigen. — In der Tat hat in China die Intelligenz alle Rechte, und alle Ämter werden durch Wettbewerb unter diese Gelehrten verteilt. Aber diese Gelehrten können ebensowenig eine Kaste sein, wie heutzutage die Gelehrten in Europa eine Kaste bilden. Jeder hat zu ihr Zutritt.

Es ist festzustellen, daß Plato, Confucius und das Evangelium sich völlig über den Punkt der von einem intellektuellen Adel zu regierenden Gesellschaft einig sind, einem intellektuellen Adel, der von Gerechtigkeitsgefühl beseelt, auf Vernunft und Wissenschaft begründet ist und den Unfähigen nur sehr einfache Anstandsgesetze lehrt, so das Gesetz Mosis, das die Schriftgelehrten öffentlich verkündeten, sei es durch die Klarheit der mündlichen Lehre, sei es durch die Einfachheit einer leicht faßlichen Schrift.

In diesem Punkte ist das Evangelium ausführlicher und scheint die Schlußfolgerung aller Philosophien zu ziehen. Es scheint in äußerster Klarsicht die Zukunft zu erkennen und warnt ohne Unterlaß vor einer Kirche, die nicht auf Wissenschaft und Vernunft gegründet wäre. „Wahrlich, ich sage euch, euer allein ist das Himmelreich. Zu den anderen aber wird man nur in Gleichnissen reden, damit . . .“

Es predigt Einfachheit, Armut selbst, Verachtung aller Reichtümer.

Betrachten wir im Gegensatz hierzu das Vorhergegangene, so erhellt hieraus, daß diese Kirche durch vollkommene Negierung solcher Vorschriften sie einerseits in Anspruch nimmt, aber andererseits zugibt, daß sie den Kunstgriff einer starken Hierarchie benötigte, die die Völker in Ruhe hielt.

Sie fügt hinzu: „Als alle Philosophien und alle Religionen sich unfähig erwiesen hatten, das Leben zu ergründen und die Pflichten festzulegen, da erschien Christus. Durch ihn kommt der auf Vernunft begründete Glauben in die Welt und die Vernunft erhebt sich zur Gewißheit des Glaubens."

Liebe deinen Nächsten wie dich selbst.

Tu deinem Nächsten so, wie du wolltest, daß er dir tu'.

Verzeihung! Dies gehört nicht dem Evangelium sondern Confucius an (Buch Tchoung–youngow). Wenn der Autor sagt: „Da erschien Christus", irrt er sich wissentlich. Denn die Messiaslehre wurde, nachdem sie lange rein astronomisch war, mindestens 3000 Jahre vor der christlichen Ära eine irdische Lehre.

Der Christus des Evangeliums ist somit nur die Fortsetzung Jatus, des alten Messias, mit dem Unterschied, (ein Unterschied, den die Kirche zu leugnen sich bemüht), daß er wesentlich wird (Menschensohn). Was im übrigen die einzige verständliche, vernünftige und menschliche Basis ist, wenn die Wissenschaft jede Übernatürlichkeit als Basis des unzivilisierten Aberglaubens vernichtet hat.

Aberglauben, der Kunstgriff ist.

Die katholische Kirche hat sich seit Beginn der christlichen Ära durch fünf Jahrhunderte hindurch bemüht, trotz des Widerstandes einzelner, die ganze Größe der neuen Philosophie, deren Tragweite sie nicht verstand oder nicht verstehen wollte, durch den Kunstgriff zu ersetzen.

Es ist ihr gelungen. Das will sie sagen.

Auf Seite 18. Daß es seither gelang, diese zivilisierende Moral an Stelle des Irrtums, der Leichtgläubigkeit, der Rassenfeindschaft und des Egoismus der Leidenschaften zu setzen, wurde zur größten geschichtlichen Tat. Seit Christi Geburt hat sie sich mit Hilfe der Apostel 'unaufhaltsam durch die Jahrhunderte bis zum heutigen Tage durchgesetzt.

Auf Seite 21. Christus war das Problem aller Schulen und die meisten sahen in ihm nur den Menschen, was gleichbedeutend damit war, die Kirche nur als menschliche Einrichtung anzuerkennen.

Somit ist die Situation, die die katholische Kirche schaffen wollte, deutlich erwiesen, d. h. die allgemeine Vernunft zurückzustoßen, die alte Abgötterei fortzusetzen, die neue menschliche Philosophie mit Füßen zu treten, die so geeignet für das zukünftige Glück aller schien, da sie alle Fortschritte enthielt, die der Mensch auf die Wissenschaft gestützt nach dem Beispiel Jesu des Menschensohnes erwerben kann.

Aber als Entschuldigung bedienten sie sich der Notwendigkeit eines Kunstgriffes, um die unterworfenen Völker nach Gutdünken zu lenken, während sie (und hier der Widerspruch) die Kirche auf den Satz gründet: „Auf diesem Felsen will ich meine Kirche bauen." Auf diesem Felsen, der die Vernunft selbst und nicht der Aberglauben ist.

Und wozu auch dieses merkwürdige, spitzfindige Argument, das jeden zu betrügen geeignet ist.

„Durch Christus ist der Glauben auf der Vernunft begründet und die Vernunft erhöht sich zur Gewißheit des Glaubens." Auf französisch besagt das nichts, aber eine ganze Welt steckt dahinter.

Nämlich diese Vernunft, die in der Erhebung nur vernünftig wird, indem sie den Aberglauben als Gewißheit nimmt, diesen arglistigen Aberglauben, ist die einzige, mit der man die Völker führen kann.

Alle Mitarbeiter tun gut daran, diese wenigen trügerischen Seiten in der dokumentierten und politischen Geschichte dieser Kirche zu ersäufen, dieser Kirche, die in der Eroberung der Welt durch Terror, Blutbad und Hilfe aller Könige mächtig wurde.

Wo bleibt bei alledem die Vernunft, ja selbst der Glauben, soll es nicht nur Häufung aller Macht und Geldmittel bedeuten.

In Summa baut dieses Buch (abgesehen von ihren verabscheuungswürdigen Mitteln) ein üppiges Gebäude aus

Marmor und Gold, nicht aber das Gebäude Petri, das Gebäude des Evangeliums vor uns auf.

In der politischen Geschichte der Missionen ist eine Stelle in diesem Buche ihrer heutigen Aktualität wegen zu notieren.

Der Verfasser spricht über Confucius und sagt: „Da sie bei ihm einen Teil der christlichen Wahrheiten fanden, waren sie der Meinung, daß seine Autorität sie schützen würde. Den meisten Jesuiten erschien es übertrieben, unter dem Vorwand einer möglichen Gefahr Manifestationen zu untersagen, die unschuldig sein konnten und denen 400 Millionen Menschen nicht entsagen würden.

Die Jesuiten lebten bei Hofe oder in der Provinz und machten bei den Mandarinen die nützlichsten Eroberungen.

In dieser Elite hatten sich die Lehren des Confucius am reinsten erhalten.

Endlich annulliert der Papst Benedikt XIV. durch die Bulle „Ex quo singulari" alle Dispense und verdammt die chinesischen Zeremonien endgültig. Von diesem Augenblick an stockt die Verbreitung des Glaubens, und sein Weg wird zum Leidensweg.

Sie selbst also gestehen, daß China ihnen alle Tore bis zu dem Tage geöffnet hatte, wo die Missionare auf päpstlichen Befehl ohne Dankbarkeit für die reichlich emp-

fangene Gastfreundschaft ihr willkürliches und unduld-
sames Regiment zu entfalten begannen und die von mehr
als 400 Millionen Menschen angenommenen Zeremonien
verdammten, um sie durch neue Zeremonien zu ersetzen.

Und für ein solches Werk sollten wir unsere Kinder nach
China zum Kampf gegen die senden, die wieder Herren
ihres Landes und Glaubens werden wollen!!
So sieht das berühmte Gewissen der christlichen Armee
aus.

Fassen wir zusammen und machen wir Schluß mit dieser
Salbaderei.
Im zwanzigsten Jahrhundert ist die katholische Kirche
eine reiche Kirche. Sie hat alle philosophischen Texte
ausgeraubt, um sie zu verfälschen und die Hölle siegt.
Das Wort bleibt.
Nichts vom Worte ist tot. Die Veden, Brahma, Buddha,
Moses, Israel, die griechische Philosophie, Confucius, das
Evangelium. Alles besteht.
Ohne Träne, ohne wucherische Kompromisse haben
Wissenschaft und Vernunft allein außerhalb der Kirche
ihre Tradition gewahrt.
Als Religion besteht die katholische Kirche nicht mehr.
Zu spät, sie retten zu wollen.
Stolz auf unsere Eroberungen, zuversichtlich für die Zu-
kunft rufen wir dieser grausamen und heuchlerischen
Kirche zu: „Halt!“

Sagen wir ihr, daß wir sie hassen, und warum wir sie hassen.

Der Missionar ist kein Mensch, kein Gewissen mehr.

Er ist ein Kadaver in der Hand einer Ordensgemeinschaft.

Ohne Familie, ohne Liebe, ohne eines jener Gefühle, die uns wertvoll erscheinen.

Man sagt ihm: „Töte" — und er tötet. Gott will es so.

„Erobere dies Stück Land" — und er erobert es.

„Reiß, die Hostie in der Hand, diese Erbschaft an dich", und er tut es. Deine Schätze? Kein Stückchen Erde, das du nicht den Gläubigen unter Versprechung der ewigen Seligkeit entrissen hättest, der du dir alles Käufliche schenken läßt, bis zur Prostitution.

Arme Taucher, die ihr von Haifischen bedroht, auf den Grund des Meeres taucht, um Perlen zu fischen. Das Zeichen des Kreuzes bezahlt euch.

Man versteht, ihr Herren, eure Kniffe.

Der moderne Mensch liebt den Schmutz nicht und der Missionar, der den heiligen Labrus mit den verlausten Lumpen heilig sprach, wird gewöhnlich Lausbart genannt.

Durch sein Keuschheitsgelübde gewissermaßen entmannt, gibt er uns das traurige Schauspiel eines impotenten Krüppels oder eines Menschen, der in einem blöden und unnötigen Kampf mit den heiligen Bedürfnissen des Fleisches liegt, der ihn sieben von zehn Malen zur Sodomie, zu den Trappisten oder ins Gefängnis treibt.

Der Mann liebt die Frau, erfaßte er's, was eine Mutter ist.

Der Mann liebt die Frau, erfaßte er's, was es heißt, ein Kind lieben. Seinen Nächsten lieben.

So sehe ich denn auch mit Trauer und Ekel diese Herde ungesunder und unreinlicher Jungfrauen vorbeiziehen — diese barmherzigen Schwestern —, die mit Gewalt aus Elend teils, teils aus Aberglauben aus der Gesellschaft vertrieben wurden, um einer räuberischen Macht zu dienen. Das eine Mutter? Das ein Mädchen? ... Niemals!

Ich ein Künstler, verliebt in die Schönheit, die schönen Harmonien rufe: Das eine Frau? Nein! Nein!

Gehirne, unfähig geistig zu sein, ohne andres Lebensbewußtsein als Speise und Trank, ohne andres wirkliches Ziel als das, einer Regel zu gehorchen, bedeckt mit einem scheinheiligen Gewand, verächtlich von anderen männlichen Jungfrauen geleitet.

Ich will annehmen, daß die zwar an Belegen reiche Geschichtschreibung und die Polizeiberichte Verleumdungen seien: so der Zustand der Klöster in der Zeit, wo Johanna, die Mönchshure, zur Päpstin Johanna wurde, so auch Diderots Geschichte einer Nonne in der Revolutionszeit, so die Entdeckung der zahlreichen Leichen der bei ihrer Geburt getöteten Kinder, als man das Erdreich in den Gärten alter Frauenklöster gründlich umgrub — ich will annehmen, daß dies reine Verleumdungen sind, und doch bleibt nichts destoweniger ein trauriger, unnatürlicher, grausamer und also unmenschlicher Zustand bestehen.

Befreien wir uns von dieser Sentimentalität, die die Maske

des Gefühls ist, diesem falschen Respekt vor einem Kleid (der religiösen Tracht). Betrachtet die Schwestern in den Kolonialhospitälern und ihre Vorgesetzten, die Männer, näher. Im allgemeinen brauchen sie zu ihrer Bedienung mehr Menschen als die Kranken. Am Krankenbett spielen sie den dummen August. Einige unter ihnen immerhin sind brave Landmädchen, die höchstens Mitleid erwecken können, und hie und da den Soldaten Kuchen schenken, um sie in die Messe zu kriegen. Während die Männer, die aus allen Nationen zusammengewürfelt sind (französische Mission), für die kleinen Chinesen, Reparatur und Unterhaltung der Kirchen und Abonnements für die Publikation (die Propaganda des Glaubens) sammeln. In solchem Traktätchen stand: „X . . . . . 50 Frs. für Gelingen eines Geschäftes.“
Man sieht, das ist erbaulich und veranschaulicht uns die Größe der Kirche. (Die französische Mission im neunzehnten Jahrhundert.)

SCHULEN und Schüler.
Paul ist Schüler von Rembrandt, Heinrich ist Schüler von Paul, Bonnat ist Schüler von Heinrich. Fortsetzung folgt . . .
Eine Karikatur von Daumier. In der Landschaft einige Maler. Der erste kopiert die Natur, der zweite kopiert, der dritte kopiert den zweiten . . . Fortsetzung folgt.
Einer klatscht ab, der andre klatscht den Abklatsch ab, . . . und man signiert.

Die Natur ist weniger nachsichtig. Nach dem Maultier ist Schluß.

Paul stirbt Hungers mit Ersparnissen.

Sein Bruder Heinrich stirbt an Magenverstimmung ohne Ersparnisse.

Wer ist der Klügere? Jean qui pleure, Jean qui rit.

SIE liebten sich in aller Zärtlichkeit und diese Liebe dauerte so lange es ging. Bis zu dem Tage, an dem der Liebhaber weniger naiv, ermüdet, mit abgekühlter Leidenschaft bemerkte, daß sein Schatz vielleicht nur ein schreckliches Scheusal war.

Scheusäler lieben es nicht, sitzengelassen zu werden.

So fiel es denn dem Abbé Combes eines schönen Tages gehorsam dem Volkswillen ein, seiner früheren Geliebten einen Teil dieses Willens mitzuteilen.

Zahlreiche Zuhälter, die, starrköpfig wie Bretonen, die Schöne beschützten, verteidigten ihr Mensch (Dankbarkeit des Bauches gewißlich). Sie übernahmen die Kloakenreinigung, und alle Fäkalien der Schwestern überfluteten mit all ihren Wohlgerüchen die Boten des Abbé Combes. Vertreibe den Unrat, und er kehrt im Galopp zurück.

Die Bretagne, die Vendée waren im Begriff, sich zu erheben: nicht mehr Nachttöpfe, Kanonen würden auffahren. Wehe! Dreimal wehe! Non bis in idem.

Dennoch sollte man sich nicht darauf verlassen ...

Die Armee . . . Das christliche Gewissen.

Du wolltest mit deiner alten Liebsten den Schlauen spielen, dem Scheusal, das du so sehr geliebt. Nun hast du's. Es hing an einem Haar. Du wußtest es nicht, daß man in der Armee mehrere Sorten von Gewissen hat.

Ein Gewissen, das es zuläßt, ja befiehlt, ohne Mitleid Männer, wehrlose Frauen, ja Kinder zu töten, wenn sie zur Kommune gehören.

Und ein andres Gewissen, das die Verhaftung von Zuhältern verbietet, die Nachttöpfe auf die Köpfe der Gendarmen leeren.

Während sie ganz bereit sind, in China die Chinesen zu massakrieren, die sich nicht von den Christen alles gefallen lassen wollen.

Unser gutes, so edelmütiges und ritterliches Frankreich, das immer bereit ist, in den Krieg zu ziehen, um den Engländern den Opiumverkauf zu erleichtern, und wieder in den Krieg zu ziehen, um das Alte und das Neue Testament zu verkaufen.

Und der Papst, der nur noch dieses blöde Frankreich zur Unterstützung seiner Missionen hat, will nicht böse werden. Und spricht: „Wir könnten die Scheidung verlangen. Aber aus Prinzip erlauben es unsre Prinzipien nicht. Wir erkennen die Scheidung nicht an."

Und das Scheusal bleibt ein Scheusal.

Ein Schlaukopf unser Heiliger Vater, der kleine Leo. Er ist einzig in seiner Art.

Allen denen, die ihn bitten, Konzessionen zu machen

und fortschrittlich zu sein, antwortet er unweigerlich:
„Konzessionen! Aber das wäre unser Tod. Wir brauchen
Zeit, unsre Kasse zu retten.“

Und um Zeit zu gewinnen, erfindet er einige Dogmen.
Das heilige Schweißtuch, das, wie eine photographische
Platte in Lourder Wasser getaucht, wahrscheinlich durch
Ausstrahlung wie der Leib unsres Heilandes Jesu Christi
hunderte von Exemplaren ergibt.

Wir erwarten für demnächst auf den Marquesas eine
große Kollekte, um eins dieser außerordentlichen Exemplare anzuschaffen. Die Piaster werden klingen.

Alle Tage erscheinen die Eingeborenen, die mich für
einen Gelehrten halten, um Auskünfte einzuholen. Was
soll ich ihnen antworten? Ich müßte neue gründliche
Studien über klerikale Chemie aufnehmen und fühle
mich bei meinem Alter dazu nicht mehr kräftig genug.
Und so antworte ich ihnen: „Fragt den Wachtmeister.
Er ist der Herr.“

Noch einer mit Gewissen! Wie Gummi elasticum. Man
muß ihn sehen, wie schön er ist, wenn er sagt: „Meine
Pflicht.“ Und die Wichtigkeit, wenn er erzählt: „Mein
Lieber, ich habe eben bei einer Jungfrau geschlafen.“
Allerdings sagt im nächsten Monat der Oberstabsarzt im
Lazarett: „Was ist denn das? . . . Geben sie ihm Protojodur mit Quecksilber.“ Kleine Jungfrauen, die Gift verkaufen. Wie Pissarro sie malt.

Du wirst, Pariser Leser, behaupten, daß ich mit den Gendarmen aufschneide. Komm in die Kolonien, vornehmlich auf die Marquesas, und du wirst sehen, ob ich aufschneide. Du tätest besser daran, wenn du einigen Einfluß hast, es dem Minister zu stecken.

Im übrigen bin ich noch nicht fertig und werde noch verschiedentlich über sie zu berichten haben.

ALS ich vorhin von meiner Kindheit in Lima sprach, vergaß ich, euch etwas über den spanischen Dünkel zu erzählen. Es dürfte euch interessieren.

Früher gab es eine Art indianischen Friedhof in Lima, Kästen und Särge in diesen Kästen. Und Inschriften aller Art. Kam ein französischer Industrieller, Herr Maury, auf den Gedanken, die reichen Familien aufzusuchen und ihnen in Marmor gehauene Gräber anzubieten. Es gelang auf's Trefflichste. Einer war General, der andre ein großer Kapitän usw. ... lauter Helden. Er hatte sich zu diesem Behufe mit einer gewissen Anzahl Photographien nach in Italien ausgeführten Monumenten versehen. Er hatte einen Riesenerfolg. Jahrelang liefen zahlreiche Schiffe voll von in Italien ausgehauenen Marmors ein. Es war sehr billig und sah nach sehr viel aus.

Wenn ihr jetzt nach Lima reist, werdet ihr einen Friedhof sehen, wie es keinen zweiten gibt und alles, was es an Heldenmut in diesem Lande gibt, kennenlernen.

Der alte Maury wurde schwerreich dabei.

Seine zwar sehr einfache Lebensgeschichte ist erzählenswert.

Ein sehr großes Haus in Bordeaux war einstens in ein sehr großes Geschäft verwickelt, das es für verloren hielt. In diesem Hause nun war ein ganz junger Angestellter, der junge Maury, den man als sehr begabten Jungen erkannt hatte.

So sandten sie diesen jungen Mann mit allen zur Beitreibung der Außenstände nötigen Vollmachten nach Lima und schlossen mit ihm einen diesbezüglichen Vertrag ab, wonach er gewisse Prozente vom beigetriebenen Geld erhalten sollte, was ihrer Ansicht nach keine bedeutende Summe ergeben würde. Sie irrten sich, denn der junge Maury war so geschickt, daß er fast alles rettete.

Von Stund an besaß er ein sehr hübsches Kapital, war in Lima eingeführt und blieb gerne da. Er richtete ein anständiges Hotel ein, dann zwei, später mehrere; er war es, der für die Kirche eine geschnitzte Kuppel nach Maß bestellte, die aus Stücken bestand, die nur auf die alte Kuppel aufgeschraubt zu werden brauchten. Meine Mutter, die in der Pension zeichnen gelernt hatte, verfertigte eine wundervolle, d. h. scheußliche Federzeichnung dieser Kirche und ihres umgitterten Gartens.

Als Kind fand ich die Zeichnung sehr hübsch. Und dann, Sie verstehen, war es meine Mutter.

In Paris sah ich den greisen Herrn Maury mit seinen beiden Nichten, seinen einzigen Erbinnen, wieder. Er besaß eine sehr schöne Vasen-Sammlung (Inka-Keramik) und vielen rein goldenen indianischen Schmuck.

Wo mag das alles geblieben sein?

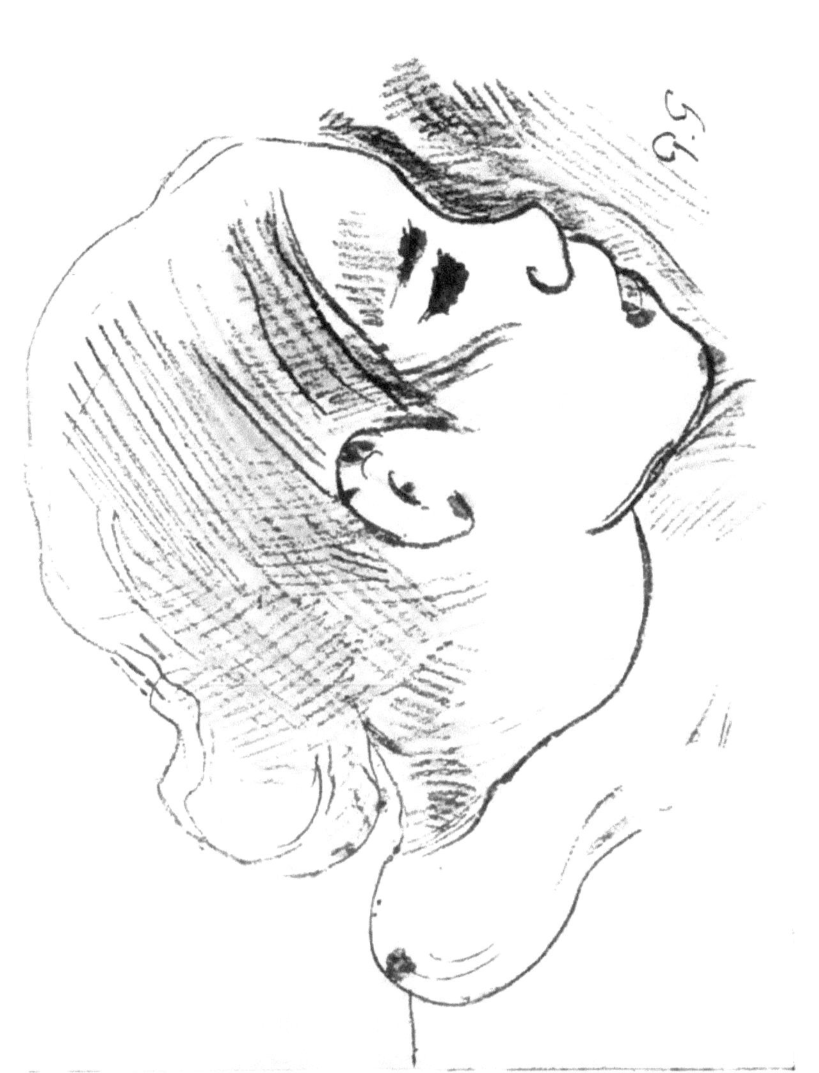

Auch meine Mutter hatte einige peruanische Vasen und hauptsächlich manche recht gute Statuetten aus massivem Silber, wie es aus den Minen kommt, aufgehoben. Das ganze verschwand in der von den Preußen angefachten Feuersbrunst von St. Cloud. Dazu eine ziemlich reichhaltige Bibliothek und bei alledem fast alle unsre Familienpapiere.

Bei Familienpapieren fällt mir ein. Als ich heiratete, forderte man auf dem Standesamt die Sterbeurkunden meiner Eltern. Ich besaß nur die meiner Mutter, die immerhin bezeichnend war, da gesagt war: Frau verwitwete Gauguin. Der Beamte behauptete, daß ich nicht ohne die Sterbeurkunde meines Vaters heiraten dürfe.

Aber da meine Mutter die Witwe Gauguin war, beweist das nicht, daß mein Vater tot ist? Nichts eigensinnigeres als ein Standesbeamter. Gottlob war der Bürgermeister ein vernünftiger Mann und alles wurde geordnet.

Bei der Geburt meines Sohnes ging ich gleichfalls aufs Standesamt, um diese Geburt anzumelden.

Als ich dem Standesbeamten diktierte: Ein Knabe namens Emil ohne e schrieb er: Emile Ohnet.

Folgte eine unbeschreibliche Viertelstunde, um den Fehler richtigzustellen. Ich sei ein Spaßvogel, der die Beamten zum Narren halte usw. . . . Fehlte nicht viel, ich hätte eine Ordnungsstrafe zahlen müssen.

Man sieht. Ich war niemals ernst, und darum verübelt mir meinen scherzhaften Stil nicht.

DIE alte Moo hat sich ohne Umschweife bei mir häuslich niedergelassen.

Da ihr warm wird, zieht sie ihr Hemd aus. Sie ist sehr mager und Sie wissen, daß ich die Dicken liebe. Ihre Haut ist wie Moirée und denken Sie, sie war elfmal Mutter. Im übrigen wäre sie besser, wenn man sie von Kopf bis zu den Zehen kalkte. Sie hat zwar elf Kinder gehabt, aber fragten Sie sie wieviel Väter, wäre sie höchst erstaunt. Sie zählt mit den Fingern nach und nochmal und nochmal, wenn sie aber bei hundert angekommen ist, verläßt sie ihr Gedächtnis.

Sie besitzt etwas Land und täglich, behauptet sie, bekäme sie einen ehrlichen Heiratsantrag. Aber sie hat Blick, wie sie sagt.

Gleichviel. Sie geht zu Bett und bietet wie das schönste Mädchen der Welt alles an, was sie besitzt. Nichts mehr, nichts weniger. Aber ich liebe die mageren Frauen nicht.

Deshalb habe ich Kopfweh — vermutlich die Masern. Die Unterhaltung stockt und sie schläft ein.

Da wage ichs denn, sie anzusehen, entschieden, man müßte sie kalken.

Mehrere Nächte kommt sie wieder. Ich habe immer die Masern, wenn sie kommt. Meine Keuschheit hängt davon ab. Und dann hab ich kein Feuer mehr.

Endlich kommt sie nicht mehr, und als man sie nach dem Grund fragt, sagt sie, sie könne es nicht aushalten, so anstrengend sei es. Sie zeigt alle Finger und sagt . . . ja . . . sooft jede Nacht.

178

So kommt man in schlechten Ruf. Fallt nicht darauf
'rein.

Es gab eine Zeit, wo nur meine verschenkten Bilder
verkäuflich waren.
Ein guter kleiner Jüngling, dem ich dreißig Stück geschenkt hatte, hatte, nachdem er sie kopiert und studiert
hatte, nichts eiligeres zu tun, als sie an das Haus Vollard
zu veräußern. Allerdings! Zu seiner Entschuldigung ver-
öffentlichte er, ich hätte ihm alle seine Ideen gestohlen.
Reizender Jüngling!
Verschenke nie ein Bild, es sei denn an deine Köchin.
Van Gogh hatte auch diese Manie. Wer erinnert sich
nicht des kleinen Cafés Tonzin, das von dem früheren
Modell, der Siccatore, einer Italienerin, geführt wurde.
Vincent malte gratis das ganze Café aus. (Le Tam-
bourin.)
Während unseres Aufenthaltes in Arles erzählte er mir
eine diesbezügliche ziemlich merkwürdige Geschichte,
deren Pointe ich nie erfahren habe. In die Siccatore, die
trotz ihres Alters noch immer schön war, äußerst ver-
liebt, gestand sie ihm mancherlei über Pansini.
Die Siccatore hatte zur Bewirtschaftung des Cafés einen
Mann bei sich. In dem Café versammelten sich eine
Menge sehr verdächtiger Menschen. Der Wirt bekam
Wind von all den Geständnissen dieser Frau und warf
eines schönen Tages mir nichts, dir nichts, Vincent ein
Bierglas an den Kopf, das ihm die Backe zerschnitt.

Der blutüberströmte Vincent wurde aus dem Café geworfen. Ein Schutzmann ging gerade vorüber und sagte streng: „Weiter gehen!"

Nach van Gogh war diese ganze Affäre Pansini wie viele andere im Einverständnis mit der Siccatore und ihrem Liebhaber in diesem Hehlernest ausgeheckt worden.

Es ist zu bemerken, daß fast alle diese Etablissements mit der Polizei auf gutem Fuße stehen.

Aus diesem Fall Pansini entstand ein, nach Vincent ebenfalls in diesem berühmten Café ausgemachter Fall: Der Fall Prado; welcher Mann, um sie zu berauben, eine Kurtisane ermordete, darauf das Dienstmädchen und dann das Töchterchen, das er vergewaltigt haben soll. Erst viel später fand die vom Pressegeschrei gelangweilte Polizei einen sogenannten Mörder, der sich nach Havanna geflüchtet hatte. Es war schier unmöglich, den wahren Namen dieses außerordentlichen Menschen festzustellen. Man fand eine Frau, die alles gegen ihn aussagte, was die Polizei gegen ihn ausgesagt haben wollte, und die indessen nicht als Mitschuldige angesehen wurde. Kein Mensch sah klar, weder die Presse noch das Gericht, noch der Mörder, der rief: „Es ist wahr, ich bin ein Bandit, ich habe früher getötet, aber an diesem Verbrechen bin ich unschuldig."

Dieser Fall als solcher erinnert an den „dunklen Fall" von Balzac. Gleichviel. Die Polizei mußte das letzte Wort haben. Der Mann wurde zum Tode verurteilt.

Ich und ein Freund wurden von einem Hauptmann der

Munizipalgarde durch ein an das Café de la nouvelle
Athène gerichtetes Telegramm benachrichtigt.

Um zweieinhalb Uhr in der Frühe standen wir auf der
Place de la Roquette, warteten auf die Hinrichtung und
stapften mit den Füßen. Denn die Nacht war dunkel
und sehr kalt. Als Zeitvertreib höchstens die Ankunft
der Maschine und ihre Aufstellung. Man konnte keinen
Augenblick daran denken, in den kleinen reservierten
Raum neben der Maschine zu treten, der bereits voll von
Menschen war, die unbeweglich und dichtgedrängt den
Morgen erwarteten. Endlich nahte der Augenblick, das
erste Licht, das dem Sonnenaufgang vorangeht, erlaubte
mir, das Aussehn des Platzes zu erfassen. Ein großer
Halbkreis um die Guillotine, Truppen, Polizei: Auf der
einen Seite der Wagen und die Leichenkarre, auf der
andern der reservierte Platz.

Im Zentrum vor der Guillotine fünf berittene Gendarmen.

Und plötzlich stieß die Polizei uns Spaziergänger roh
gegen den Rand des Kreises.

Unmöglich etwas zu sehen, oder ganz wenig nur.

Die Gefängnistore öffneten sich und der Zug setzte sich
in Bewegung. Die Gendarmen hatten die Säbel gezogen
und augenblicklich wurde alles (wie auf Befehl) ganz still,
viele nahmen den Hut ab. In Schwarz nur Polizei,
Sicherheitsdienst und der Henker. Die Henkersknechte
in blauer Bluse.

Ich wollte indessen etwas sehen, und wenn ich will, bin

ich sehr obstinat. Ich überquerte im Galopp den Platz (die Feierlichkeit des Augenblickes störend) und klemmte mich in die Mitte zwischen zwei Hümpel Gendarmen.

Keiner wagte es, sich zu rühren.

Da sah ich den Zug sich mühsam vorwärts bewegen und zwischen zwei Pfeilern der Guillotine einen elenden, gebeugten, verzweifelten, vor Schrecken gleichsam wahnsinnigen Kopf.

Ich irrte mich. Es war der Almosenier. Welch großartiger Schauspieler, der so trefflich die Mörder, den Schmerz nachmacht.

Der ganz kleine, aber starkhalsige Mörder hatte einen schönen, keineswegs resignierten Kopf und trotz des schlechten Aussehens der kurz geschnittenen Haare und seines groben Hemdes sah er anständig aus.

Das Brettchen klappte so gut, daß es an Stelle des Halses die Nase traf. Vor Schmerzen wehrte sich der Mann und zwei blaue Blusen legten sich roh auf seine Schultern und brachten den Hals an die bestimmte Stelle. Es dauerte eine lange Minute und endlich tat das Messer seine Pflicht.

Ich bemühte mich, das Haupt aus dem Kasten nehmen zu sehen, dreimal wurde ich zurückgestoßen. Man holte einige Meter weiter Wasser in einem Eimer, um den Kopf zu begießen.

Man fragt sich, warum nicht ein für diese Zwecke eingerichteter Wasserhahn unter dem Kasten angebracht wird. Ich fragte mich, warum man den Gefangenen nicht mißt, damit mittels einer Schraubvorrichtung das Brettchen in richtigen Abstand von dem Ausschnitt gebracht werden kann, der den Kopf des Verurteilten aufnimmt.

Das also war das berühmte Schauspiel, das die Gesellschaft befriedigt. Draußen hörte man Rufe: „Vive Prado.“

ICH zeichne am Strand in Cerbère bei der Grenze. Ein südfranzösischer Sergeant, der mich im Verdacht der Spionage hat, fragt mich, der ich aus Orleans stamme:

„Sind Sie Franzose?“

„Ja, gewiß.“

„Komisch, Sie haben keinen französischen Akzent (Akesent).“

Raphael ist Schüler von Perugino. Bouguerau desgleichen. Und Bouguerau schreibt und schreit: „Vor der Natur sehe ich nur Farbe.“

Raphael setzt keine Valeurs ein, in seinen Bildern ist keine Tiefe. Urteile, ob er die Valeurs kannte.

In einer Ausstellung auf dem Boulevard des Italiens sah ich einen seltsamen Kopf. Ich wußte nicht, warum in mir etwas vorging, warum ich vor einem Bild merkwürdige Melodien hörte. Ein sehr bleiches Doktorengesicht, dessen Augen dich nicht fixieren, nicht ansehen, sondern zuhören.

Ich las im Katalog: Wagner von Renoir.

Kommentar erübrigt sich.

Manch einer sagt: „Rembrandt und Michelangelo sind roh. Ich ziehe Chaplin vor."

Eine sehr häßliche Dame erzählte mir: „Ich liebe Degas nicht, er malt häßliche Frauen." Dann fügte sie hinzu: „Haben sie im Salon mein Porträt von Gervex gesehen?"

Das Habillé von Carolus Duran ist schweinisch. Das Nackte von Degas keusch. Aber sie baden in Tubs!! Gerade darum sind sie sauber. Aber man sieht Bidet, Klystier und Schüssel.

Ganz wie bei uns.

Die Kritik zieht aus ... aber es ist ein ganz ander Ding.

Ein Kritiker, der mich besucht, sieht sich die Bilder an und fragt, die Brust wie zugeschnürt, nach meinen Zeichnungen. Meine Zeichnungen! Das nie! Sie sind meine Briefe, meine Geheimnisse. Der öffentliche Mensch, der Mensch zu Hause.

Sie wollen wissen, wer ich bin. Genügen Ihnen meine Werke nicht? Selbst jetzt, wo ich schreibe, zeige ich nur, was ich zeigen will. Aber Sie sehen mich mitunter ganz nackt, das ist kein Grund. Man muß das Innere sehen. Im übrigen sehe ich selbst mich nicht immer ganz klar.

Zeichnung, was heißt das. Erwartet hierüber keinen Vortrag von mir. Der Kritiker meint wahrscheinlich

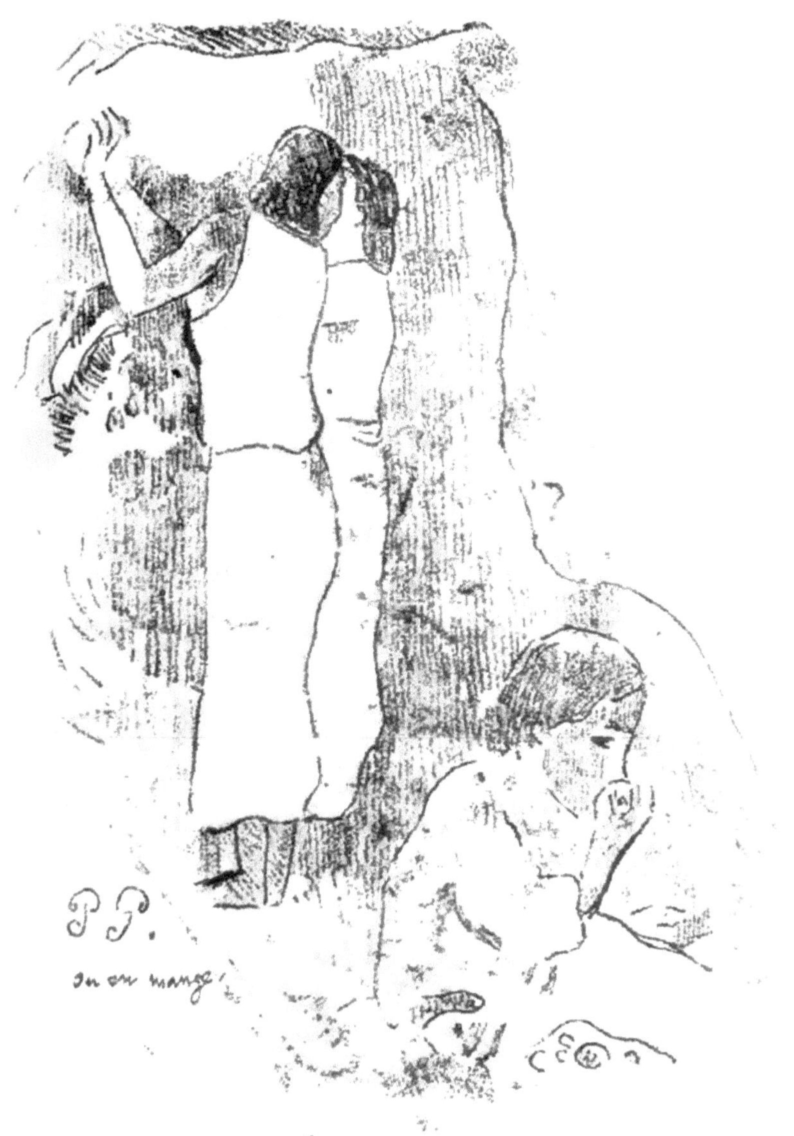
P.P.
on en mange

eine ganze Menge Dinge mit Bleistift auf Papier und denkt ohne Zweifel, daß man auch daran erkennt, ob ein Mensch zeichnen kann. Zeichnen können heißt nicht gut zeichnen. Ahnt der Kritiker, dieser kompetente Mensch, daß die nachgezogene Kontur einer gemalten Figur eine ganz anders erscheinende Zeichnung ergibt. Auf dem Portrait des Reisenden von Rembrandt (Galerie Lacaze) ist der Kopf viereckig. Nehmt die Kontur und ihr werdet erkennen, daß der Kopf zweimal so hoch wie breit ist. Ich entsinne mich der Zeit, wo das Publikum bei Beurteilung der Zeichnung der Puvis de Chavanneschen Cartons, Puvis zwar ein großes Kompositionstalent zugestand, aber behauptete, Puvis de Chavannes könne nicht zeichnen. Und man war allgemein erstaunt, als er eines Tages bei Durand-Ruel ausschließlich Zeichenstudien in Schwarz und Rötel ausstellte.

„Sieh, sieh," sagte sich das reizende Publikum, „aber Puvis kann wie jeder andere zeichnen; er kennt die Anatomie, die Proportionen usw.... Aber warum kann er denn nicht in seinen Bildern zeichnen?" In einer Menge ist immer jemand, der schlauer ist als die andern. Und dieser Schlaukopf sagte: „Ihr merkt also nicht, daß Puvis euch zum Narren hat... Noch einer der originell und anders wie die andern sein will ..." Mein Himmel, was soll aus uns werden?

Wahrscheinlich wollte der Kritiker das so verstehen, als er nach meinen Zeichnungen fragte und sich dabei sagte: „Wollen mal sehen, ob er zeichnen kann."

Er soll sich beruhigen. Ich will ihn aufklären. Ich habe nie eine vernünftige Zeichnung machen, nie mit Estampen und Brotkügelchen arbeiten können. Mir fehlt immer etwas: die Farbe.

Vor mir das Gesicht einer Tahitierin ... Das weiße Papier stört mich.

Carolus Durand beklagt sich über die Impressionisten, hauptsächlich über ihre Palette.

„Es ist so einfach," sagt er, „sehen Sie Velasquez. Weiß und Schwarz ..." Ja, sehr einfach, die Weiß und die Schwarz von Velasquez.

Das liebe ich, wenn die Leute so daherreden! In den entsetzlichen Tagen, wo man sich für völlig unfähig hält und seine Pinsel fortwirft, erinnert man sich an sie und schöpft wieder Hoffnung.

Die sind die besten Gesandten, die kein allzugroßes Vertrauen in ihren Verstand setzen, ausweichend antworten, sich sehr gut anziehen und sehr gut empfangen.

Im Louvre scheinen die Konservatoren in der gleichen Lage zu sein. Immerhin ... immerhin ... gibt es nichts besseres?

ICH erzähle euch andauernd einen Haufen Dinge, obgleich ich euch von den Marquesas zu erzählen versprach. Es hieße Verrat, lockte ich euch durch einen pompösen Titel an, machte euch Hoffnung auf ganz etwas andres als Paris. Aber entschuldigen Sie mich. Ich selbst ging in die Falle. Nun sitze ich fest. Schlucken wir die Pille. Dafür kann ein Pinsel Ausgleich schaffen. Ich könnte euch viele herrliche Berge mehr oder weniger verlogen beschreiben. Aber ich müßte dazu Talent zur Beschreibung und einen Haufen Adjektiva besitzen, die ich nicht habe und die Pierre Loti so zu eigen sind.

Früher gab es viel seltsame und pittoreske Dinge, heute sind nicht einmal mehr die Spuren da. Alles verschwand.

Die Rasse nimmt jeden Tag ab, von europäischen Krankheiten befallen. Bis auf die Masern, die sogar die Erwachsenen bekommen.

Die Schikanen der Verwaltung, die Unregelmäßigkeit der Postverbindungen, die Geldlasten, die die Kolonie ersticken, unterbinden jeglichen Handel. Infolgedessen packen die Kaufleute ihre Koffer.

Nichts zu erzählen. Es sei denn, von Frauen und Beischlaf zu sprechen.

Unreife, fast reife, ganz reife.

Es ist eine derartige Prostitution, daß es keine mehr ist. Wir nennen es so, aber sie denken nicht so.

Und dann! Man erkennt die Dinge nur durch ihr Gegenteil, und das Gegenteil ist nicht vorhanden.

Ein komischer Richter auf den Marquesas ... Erschien ein junges Mädchen und klagte, zwölf Männer hätten sie eben vergewaltigt, ohne zu zahlen. „Schrecklich", rief der Richter und wurde alsbald der dreizehnte, aber er zahlte. „Du siehst, Kleine, ich kann den Fall nicht aburteilen."

Derselbe Richter empfing in Abwesenheit des Gendarmen
ein junges Mädchen, oder besser noch ein Kind, das seinen
Schulentlassungsschein fordern kam, was soviel heißt, wie:
„Geeignet zum ...“
Sagt ihr unser Richter: „Gut, laß mir die Einweihung“
und entjungferte sie. Nunmehr war der Schein unter-
zeichnet.

Einige, mitunter knusperige Einzelheiten werden euch
besser als die Reisenden die Marquesas kennen lehren.
Die Reisenden sehen heutzutage so wenig.

Im Augenblick ist die Insel Taoata durch eine fürchterliche Springflut verheert worden, die ungeheure Korallen-
blöcke und viele Muscheln für Sammler ans Land
spülte.

Aus der Koralle wird man Kalk machen. Die Walfischjäger, schlaue Seeleute, merkten, wie ihr Barometer Sprünge
machte, sahen das Unglück voraus und fuhren ab. Nicht
ohne dem Gendarmen hübsche Geschenke zu hinterlassen.
Trinkgelder ...—Pfui ... Geschenke mit Rechnungen.
„Was wollen Sie,“ meinten die Kapitäne, „die Schmugg-
ler müssen sich mit den Gendarmen immer gut stehen.“
Auch dies erübrigt schließlich einen Kommentar.

Die schlimmste Qual ist die letzte.
Nach dem Milchkaffee am Morgen trennen sich im Tem-
pel die des Nachts vereinten Geschlechter; notwendige
Formalität, um der Seele Gelegenheit zu geben, sich von
der sie bedrückenden Materie zu läutern.

Nach dem Bidet der Weihwasserkessel. Körper und Seele sind gereinigt. Man betet.

Unser täglich Brot gib uns heute.

Business is business.

Im Restaurant esse ich eine Kohlrulade. Mein Nachbar, ein Engländer, fragt mich, wie das hieße. Und ich: „Was sagst Du?"

Der Kellner kommt vorbei und der junge Mann bestellt ein Wassagstu.

Ich hatte mich nicht für solchen Spaßvogel gehalten.

Es gibt Effekte und das ist gut so. Es macht Effekt. – Man soll sie aber nicht mißbrauchen, es sei denn, man wolle Zeichnung und Farbe vermeiden.

Bin ich mir über die Orthographie im unklaren, wird die Schrift unleserlich. Wieviel Leute wenden beim Malen denselben Kniff an, wenn Zeichnung und Farbe sie in Verlegenheit bringen.

Bei den Japanern gibt es keine Valeurs und umso besser, meiner Treu. Das alles hängt vom Standpunkt ab, auf den man sich stellt. In den Schießständen liegt ein perspektivischer Schmuck. Tapisserien brauchen ihn nicht: dasselbe gilt von Wandmalereien. Man muß immer die Mauer spüren.

NICHT um Malerei, noch um Literatur handelt es sich; es handelt sich ums Fechten. Wir haben nämlich im Augenblick einen Gendarmen hier ... Sie wissen ...

er stammt aus Joinville le Pont!! Ein fürchterlicher Kerl. Joinville ist gewissermaßen der Rompreis für körperliche Übungen.

Man kann viel gutes und schlechtes daran finden. Was mich persönlich betrifft, so finde ich mehr schlechtes daran.

Die geprüften Fechtmeister von Joinville le Pont sind meistens sehr gedrillte Kerle. Mit dem Knüppel gedrillt. Ohne Zweifel sehr tüchtig, aber Akrobaten und meistens sehr schlechte Lehrer.

Man sagt: Mit einer guten Hand triffst du mitunter.

Mit einer guten Hand und guten Beinen triffst du oft.

Nimm einen guten Kopf dazu und du wirst immer treffen.

Ein guter Kopf ... das eben fehlt in Joinville. Dort lehrt man unterschiedslos.

Florettfechten besteht aus dem Gebrauch zweier Bewegungen. Die weiteren folgern sich aus diesen oder ergänzen sie: Eine Hin- und Her- und eine drehende Bewegung.

Beim Angriff heißen sie: Prim, Sekonde, Terz und Dublieren.

Bei der Verteidigung: Parade und Gegenstoß.

Diese Bewegungen ergeben, obschon an sich sehr einfach, unendlich viel Möglichkeiten. Wer sie beherrscht, kann schon viel.

Der Regimentsfechtmeister kann dich ausgezeichnet ermüden. Ein ganzes Jahr lang läßt er dich in einzelnen Tempos Primen, Sekonden, Finten machen und wenn endlich der Schüler den leisesten kleinen Angriff machen will, verliert er die Fassung. Was tun, fragt er sich. Also eine Sekonde. Er zieht an und geht in Ausfall. Der Gegner erwidert mit einem Gegenstoß. Es klappt nicht. Selbstredend. „Ihre Tempi müssen mit der Parade übereinstimmen."

Also ist es durchaus erforderlich, daß der Lehrer dies dem Schüler verständlich macht, indem er ihm die Stunden langsam gibt und mit seiner Parade den befohlenen Stich auffängt. So zum Beispiel befiehlt er: Prim, Sekonde, aber anstatt mit einer Parade pariert er leicht mit einem Gegenstoß, so daß der Schüler die Parade aufmerksam verfolgt und danach handelt.

Augenblicklich hat man in Joinville le Pont bezüglich der Stellung ein Prinzip, das man nicht aufgeben will: Lang den Arm, Ausfall.

Auf diese Weise ist es unmöglich, im Abstand zu täuschen, und der Gegner, der auf die Bewegung des Knies achtet, ist ständig gewarnt.

Die guten Zivilfechtmeister dagegen gehen ganz anders vor. Der Arm wird nur nach Notwendigkeit lang gemacht und der häufig unnötige Ausfall ist eine Zugabe.

Auch wir lieben, wenn es möglich ist, eine korrekte Haltung, aber mit Verstand, wir behaupten, daß man fechten soll, wie man gebaut ist.

So hatte ich z. B. mich mit meinem schwachen Handgelenk und meiner zarten Hand daran gewöhnt, die

Armmuskeln zu gebrauchen und alle Kraft in der Arm-
beuge zu konzentrieren.

Da ich eine sehr breite Brust besitze und erst sehr spät
Fechtunterricht genommen hatte, war es mir, außer mit
größter Behinderung, unmöglich, mich vorschriftsmäßig
fest in beiden Blößen gedeckt zu halten. So habe ich
mich denn daran gewöhnt, ungeniert mit ungedeckter
Brust dem Gegner nur eine Blöße zu geben, indem ich
mich immer in Terz hielt. (Heutzutage sagt man Sexte.)

Es ist besser korrekt zu sein ... Sehen Sie Mérignac.
Halt! Nicht jeder ist Mérignac.

Ich erinnere mich eines ausgezeichneten Fechtlehrers in
der Salle Hyacinte in Paris. Dieser Lehrer hatte besonders
kurze Arme und Beine, und so hatte er sich denn daran
gewöhnt, seine Beine zu benutzen, als ob er Rollen unter
den Füßen hätte. Er fiel nicht aus, aber war infolge einer
Serie kleiner Schritte nach vorwärts oder nach rückwärts
nicht zu treffen oder kam dir ganz nahe. Kopf ... nur
Kopf!

Hast du kräftige Handgelenke, ermüde deinen Gegner
durch kräftige, aber verhaltene Angriffe und Stöße. Wenn
du aber eine schwache Hand hast, laß sie sich wider-
standslos und leicht allen Stößen entziehen. Beim Fechten
gibts weder Dogmen noch Geheimmittel.

Während meines Aufenthaltes in Pont-Aven lebte dort
ein Hafen- und Fischmeister, eingeborener Bretone, Seemann außer Diensten, geprüfter Fechtmeister dieser berühmten Joinville le Pont' Schule. Mit seinem Einver-

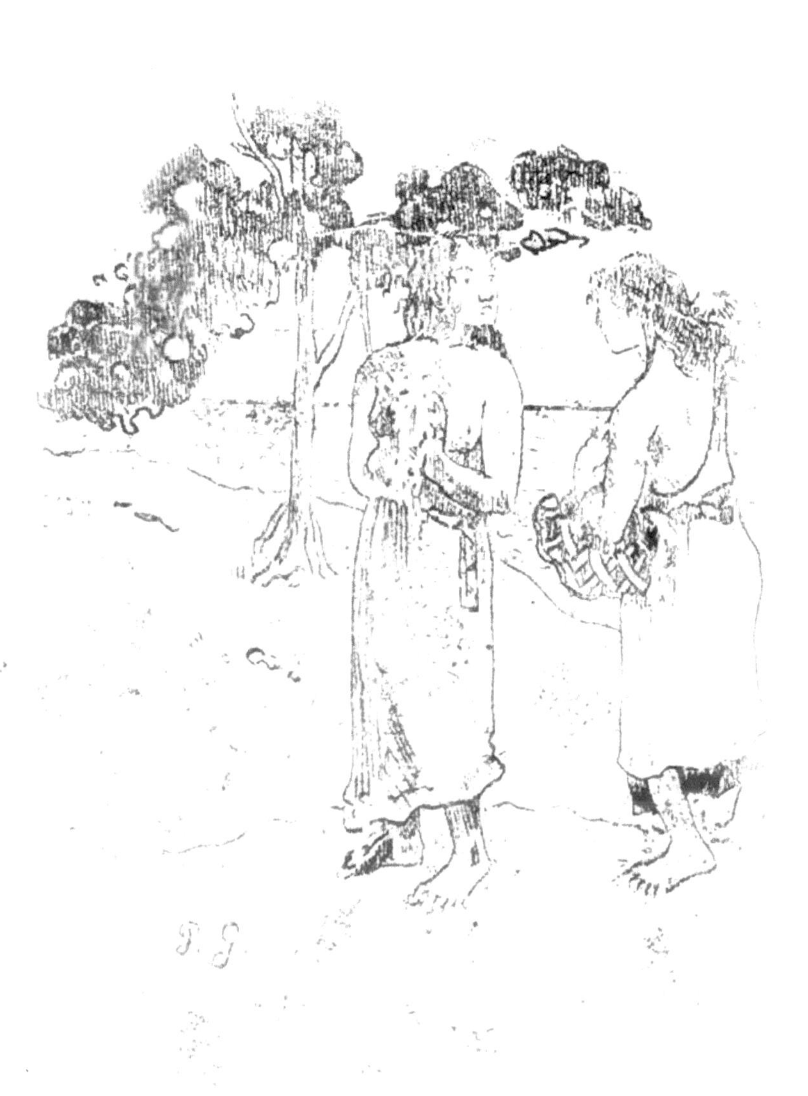

ständnis richteten wir einen kleinen Fechtboden ein, was
ihm, trotz der billigen Preise, eine kleine Nebeneinnahme
einbrachte, die ihm sehr zupaß kam. Er war im übrigen
ein braver Kerl, ziemlich guter Fechter, aber unintelli-
gent als Fechter und als Lehrer. Von der Kunst des Fech-
tens hatte er keine Ahnung. Was er konnte, war ihm
durch Ausdauer und viele Übung eingepaukt.

Vom ersten Tage an bemerkte ich, daß der arme Kerl
sehr kurze Beine hatte, und so vergnügte ich mich denn
damit, ihn zwischendurch, da ich groß und langbeinig
bin, im Abstand zu täuschen, sodaß er trotz seiner guten
Hand immer einige Zentimeter vom Ziel blieb. Ich erklärte es ihm und es schienen ihm böhmische Dörfer zu
sein. Gottlob war der arme Kerl nicht stolz, und ich war
kurze Zeit sein Lehrer in mancherlei Dingen. Auch ließ
ich ihn Stunden in der oben erwähnten Art erteilen,
heißt im Unterricht dem Schüler mit andern als den
angesagten Paraden begegnen.

In kurzer Zeit hatten wir einen ausgezeichneten Lehrer
und die Schüler machten gute Fortschritte.

Im Abstand täuschen. Es ist klar, daß, wenn du einen
Angriff vorbereitest, du unbemerkt durch Ausstrecken
des Armes und ein gewisses Fußspiel dem Gegner, die
Ellenbogen am Körper, möglichst nahe kommen mußt.
Auf diese Weise berührt der Arm durch Ausstrecken
heimtückisch, d. h. je nach Maßgabe seiner Bewegungen
sein Ziel, ohne daß du die Füße zu bewegen brauchst.
Desgleichen muß im gegenteiligen Falle dein Arm aus-

gestreckt, du selbst leicht vornübergebeugt sein. Auf diese Weise gewinnst du die ganze Armlänge und eine gewisse Distanz dazu, wenn du den Körper aufrichtest.

Bei den Armeefechtmeistern darf man erst sehr spät angreifen, heißt, wenn der Schüler entmutigt ist. Beim Zivil beendet der Lehrer fast jede Stunde mit Unterricht im Kontrafechten, indem er gewisse Aufforderungen zum Tanz erläßt, einige Inkorrektheiten und alles das sehr vorsichtig, damit keinesfalls der Schüler sich das Manschen angewöhnt. „Wie, ich habe mit Gegenstoß pariert und Sie haben eine Finte versucht? Wie, nach Dublierung meines Gegenstoßes habe ich versucht, meine Stellung zu verändern, und Sie haben keine Doppelfinte gemacht? Finte! Doppelfinte!…" Und so weiter. So wird der Schüler von Anfang an interessiert, erlernt die Fechtkunst, wird von Anfang an daran gewöhnt, die Nutzanwendung des Unterrichts im Kontrafechten zu ziehen und macht, ohne darum wie ein Akrobat angestrengt zu werden, sehr gute Fortschritte.

Die verschiedenen Turniere, die jährlich in Paris ausgefochten werden, beweisen meine Behauptungen. Denn man sieht Fechtmeister von Zivilisten geschlagen werden, die zehnmal weniger Übung als diese haben.

Kopf, nur Kopf!

Unser trefflicher Lehrer in Pont-Aven war nicht wenig erstaunt, als eines schönen Herbsttages auf dem Fechtboden ein paar Degen als Geschenk eines klotzig reichen amerikanischen Schülers eintrafen.

Auch hier focht ich mit dem Lehrer und zeigte ihm, daß es etwas ganz anderes wäre.

Zweifelsohne, man muß immer das Fechten gründlich mit dem Florett erlernen; das ist die breite Basis, aber im Duell muß man seine Kunst ganz anders verwerten.

Beim Duell handelt es sich nicht darum, gewisse vorbestimmte Stellen sauber zu treffen. Alles zählt.

Man muß bedenken, daß im Ernstfall die gefährlichen Stiche ebenso gefährlich für einen selber sind.

Wer gut pariert und gut gegenstößt, führt eine gute Klinge.

Es gibt keine feste Stellung, der Gegner zeigt dir die Stellung, die du einnehmen mußt. Alles ist überraschend, alles ohne Regel. Gewissermaßen ist es eine Schachpartie. Wer den andern täuscht, zuletzt ermüdet, gewinnt. Hütet euch davor, die Finger unten zu halten, denn ein kräftiger Hieb entwaffnet euch sicher. Der Arm muß weich in Terzlage ausgestreckt werden, ansonsten eine Verhedderung zu befürchten ist. Das Umgekehrte gilt, wenn ihr es mit einem Linkser zu tun habt.

Studiere deinen Gegner gründlich. Man muß seine Lieblingsparaden kennen, wenn er nicht klug ist und das Spiel spielt, das man auf der Schule spielt. Grade oder ungrade. Man muß also sehr unregelmäßige und unerwartete Bewegungen haben, den Gegner an etwas ganz anderes als an die wahre Absicht glauben lassen.

Ich könnte lange über dies Thema schreiben, aber ich hoffe, daß der Leser verstehen wird.

Endlich: Wenn du es mit einem sehr überlegenen Gegner
zu tun hast, sieh dich vor und halte bei seiner ersten Vor-
wärtsbewegung gegen dich deinen Arm vor seine Degen-
spitze. Du kommst mit einer unbedeutenden Verletzung
davon und die Ehre ist gerettet.

Hast du im Gegenteil jemanden vor dir, der noch nie ge-
fochten hat, sieh dich vor, er ist gefährlich. Er braucht
den Degen nicht anders als einen Stock und stößt von
oben nach unten durch. Zögere nicht und gib Kontra-
spitze, und ein Kopfstich oder Gesichtstich führt dir den
Kerl genügend ab.

Ich bin in meinem Leben vielen Prahlhänsen begegnet,
vornehmlich auf Reisen und in den Kolonien. Mit denen
braucht man nur wenige Augenblicke zu reden und man
weiß, woran man ist.

So erzählte mir einmal ein kleiner Staatsanwalt, den ich
bereits Ihnen vorzustellen die Ehre hatte, daß er mit fünfzehn Jahren Fechtboden fürchterlich sei. Er, ein Krüppel,
dessen Geschlecht und Natur man kaum bestimmen
konnte.

Als ich eines Tages mit ihm zusammen auf einer Kriegs-
goelette zum Frühstück eingeladen war, benutzte ich die
Gelegenheit, um das Gespräch wieder auf dieses Thema
zu bringen. Und ich sagte ihm: „Ich habe zwar keine
fünfzehn Jahre Fechtboden, aber ich wette hundert Francs
mit Ihnen, und zwar acht zu zehn." Selbstredend hielt
er die Wette nicht.

Im Regiment gehen die Offiziere nicht auf den Fechtboden, sie ziehen es vor, ins Kasino Manilla spielen zu gehen. Während die Soldaten sich langweilen und die Lehrer auch. —

Einige haben Anlage. Sie werden zu Vorfechtern ernannt.

Es heißt immer bei der militärischen Ausbildung: Körper ohne Kopf.

Ich hatte des öftern Gelegenheit, mit Vorfechtern zu fechten. Alles unintelligente Stümper.

Auf dem Gymnasium ist es fast dasselbe. Ein wenig muß man fechten können, um in St. Cyr aufgenommen zu werden, und der Lehrer sucht sein Geld möglichst bequem zu verdienen.

Ich erinnere mich dieser Zeit. Unser Lehrer war der berühmte Grisier, der seinen Vorfechter schickte. (Ich weiß seinen Namen nicht mehr. Er muß noch leben und in Paris einen Fechtboden haben.)

Dieser Vorfechter war durch seine Umgehung berühmt.

Der alte Grisier erschien mitunter, ergriff das Florett mit der Rechten, und mit der linken Hand versetzte er uns einen leichten Schlag auf die Wange. Ich habe solche bekommen.

Im übrigen tat er uns damit eine Ehre an und nannte es: la botte Grisier. Er war Fechtlehrer des russischen Zaren gewesen.

Genug nun vom Fechten, entschuldigen Sie mich, es lag an dem berühmten Gendarm, der aus Joinville le Pont kommt. Aber so billig lasse ich Sie nicht aus, denn ich will Sie umgehend mit einem kleinen Boxkursus langweilen. Noch eine Gelegenheit zum Prahlen.

Ich genoß meinen ersten Boxunterricht nicht in frühester Jugend. Mein Lehrer war ein Amateur in Pont-Aven, ein Maler namens Bouffard. Obschon Amateur, boxte er leidlich. Ich habe es seither fortgesetzt und es war mir einige Male dienlich, und wäre es auch nur, um Sicherheit zu bekommen.

Aber es handelt sich um englisches Boxen, während man in Joinville le Pont das sogenannte französische Boxen, oder besser gesagt, das Beinstoßen übt. Als Seemann habe ich auch Beinstoßen getrieben, aber nur zum Spaß.

Charlemont junior, der derzeitige große Champion im französischen Boxen, hat ein wirkliches Boxen erfunden, das nicht ausschließlich Beinstoßen ist.

Die Schule von Joinville le Pont ist weit, weit davon entfernt.

Im ganzen ist die selbst unvollkommen erlernte englische Schule besser.

Das Joinviller Boxen hat nur Wert für einen sehr gewandten, akrobatischen, sehr geübten und äußerst kräftigen Menschen. Sonst ist sie eine wahre Gefahr, die dich sehr bald einem sehr mäßigen Boxer englischer Schule ausliefert.

Das ist mein ganzer Unterricht, der nur bezweckt, dich vor der Joinviller Schule zu warnen, und solltest du doch Lust bekommen, sie zu erlernen, so schaffe dir recht be-

hende Beine an, übe alle Tage, lies nichts mehr und
werde ein Rohling.

Früher (noch immer eine Kindheitserinnerung) hieß
das Lied: „Mama, die kleinen Schiffe gehen auf der
See ..."
Heute gehen die Schiffe unter See; was wird aus dem
Lied?
Die Alten knurren und sagen: „Zu unserer Zeit!?"
Aber im Meer fressen die großen Fische die kleinen.
Hier ist das nicht der Fall, da die kleinen Schiffe die
großen fressen.
Und ich freue mich, den Kopf eines dicken Engländers
von mehreren Tonnen buchstäblich in Wurstfleisch ver-
wandelt zu sehen.
Dynamitschlächterei.

Schenken heißt nicht, schenken können. Um schenken
zu können, muß man auch beschenkt zu werden verstehen.
Es heißt, man muß gehorchen können, um befehlen zu
können. Stimmt nicht. Seht die Könige. Seht auch die
Gendarmen. Dumm wie Lakaien, können sie gehorchen.
Können sie befehlen? Großer Gott, nein. Und doch
lieben sie es, zu befehlen, und heißen das, sich entschädigen oder sich rächen.

Ich bin der Herr . . . ?

Und die Frau sagt: „Ich bin der Meister . . . (jawohl
Wachtmeister)."

Zu Hause bin ich im Hemd, im Atelier trage ich eine
Joppe, abends in der Welt einen Frack.

Ich höre einen Streit auf der Straße, ich trete näher und
höre zu. Ein magerer Greis, seine ausgetrocknete Tochter.
Und eine dicke Frau mit Brüsten, Eutern, Mehlsäcken
und mit einer Beredsamkeit, jener natürlichen Beredsamkeit des Volkes, schrie: „Ja, Herr. Ich kenne kein Wort,
das häßlich genug wäre, um meine Gedanken auszudrücken . . . Aber was Sie betrifft, Fräulein, zu Ihnen
sage ich: Scheiße!"

Eine Waschschüssel, Wasser, ein wenig Seife und alles
ist sauber.

Und ihre Hände schlugen auf ihren Kautschukbusen, ihr
Bauch wackelte. Ich erinnere mich und Verzeihung,
meiner Treu, — ich lache.

In der Fremingasse, dieser ein wenig verwunschenen
Gasse, die auf die Rue des Fourneaux mündet. Fünf Uhr
in der Frühe. Ich schlafe nicht und höre wie die Mutter,
die Frau des Fuhrmannes, ruft: „Hilfe, mein Mann hat
sich erhängt!"

Ich springe aus dem Bett, streife eine Hose über (die
guten Sitten), ergreife unten ein Messer und schneide die
Schnur durch. Der Erhängte war tot, noch ganz warm,

ganz siedend. Ich wollte ihn aufs Bett tragen lassen. Halt!
Man muß die Gerichtskommission abwarten.

Mein Haus überragt mit seiner Rückwand um fünfzehn
Meter einen Gemüsegarten. Ich rufe zum Gärtner hinunter: „Haben Sie eine Cantaloup-Melone?"

Richtig, er hat eine reife, und zum Frühstück verspeise
ich eine Cantaloup, ohne an den Gehängten zu denken.
Man sieht's, das Leben hat seine guten Seiten. Gegen
das Gift gibt's Gegengift. Und des Abends erzähle ich in
der befrackten Gesellschaft, in der Erwartung zu rühren,
diese Geschichte, und alle Welt lächelt ungerührt und
bittet mich um einige Stücke von dem Strick des Er-
hängten.

Eine Geschichte bringt die andre mit sich. Ich erinnere
mich, daß ich eines Abends ein wenig getrunken hatte und
um Mitternacht durch eine Straße von Le Havre heim-
ging. Damals war ich Seemann in der Handelsmarine. Ich
zerbrach mir fast die Nase an einem Fensterladen, der
halboffen vorstand. „Schwein", brüllte ich und schlug
auf den Laden, der nicht schließen wollte. Glaubs wohl,
denn es hing ein Erhängter dran, der nicht wollte. Diesmal schnitt ich ihn nicht ab, sondern ich setzte meinen
Weg fort (ich hatte ein wenig zuviel getrunken) und
sprach andauernd laut vor mich hin: „Das Schwein!
Sch ... auf die Passanten. Man kann sich das Gesicht
zerschlagen!" Glücklich die, die sich immer benehmen,
wie es sich gehört.

Ich kannte in Tahiti einen ordentlichen, sehr naiven Jungen, Diener bei einem reichen Kolonisten. Er wollte mit aller Gewalt bei der Tochter des Chefs schlafen, weshalb ... die Familie jeden Tag samenvermischte Milch trank. Er kam, glaube ich, nicht zum Ziel, denn der Chef wollte mit ihm zärtlich sein. Gräßlich ... das gibt sehr zu denken. Hütet euch vor Klatsch!

In Ozeanien gibt es viele und interessante Geschichten. Folgt eine, die nicht von mir stammt sondern von anderen, für die ich aber garantiere.
Bei meiner ersten Reise als Steuermannsjunge auf dem Luzitano (Reise nach Rio de Janeiro) mußte ich, um es zu lernen, mit dem Leutnant auf Nachtwache gehen.
Er erzählte mir:
Er war Schiffsjunge auf einem kleinen Schiff, das sehr lange Reisen mit Ladungen und Beiladungen aller Art in Ozeanien machte.
Eines schönen Tages fiel er beim Deckwaschen unbemerkt über Bord. Er ließ seinen Besen nicht los, und dank diesem Besen hielt sich das Kind achtundvierzig Stunden auf dem Ozean. Durch glücklichen Zufall kam ein Schiff vorbei und rettete ihn. Als das Schiff kurze Zeit später bei einer kleinen gastfreundlichen Insel anlegte, ging unser Schiffsjunge ein wenig zu lange mit dem Erfolg spazieren, daß er sitzenblieb.
Unser kleiner Schiffsjunge gefiel allgemein, und so saß er denn da, ohne etwas zu tun, gezwungen alsbald seine

Jungfernschaft zu verlieren, ernährt, untergebracht, auf
alle Art und Weise gehätschelt und gekitzelt. Er war
sehr glücklich. — Das dauerte zwei Jahre, aber eines
schönen Morgens kam ein andres Schiff vorbei und unser
Jüngling wünschte, nach Frankreich heimzukehren.
Gott, war ich dumm, sagte er mir, jetzt muß ich mich
abschuften … und war so glücklich!
Bei den Wilden läßt sich's gut leben, aber das Heimweh!

Wenn das Alter könnte … das zählt nicht.
Wenn Jugend wüßte … das zählt.

ICH habe nie so gut gehandelt, als wenn ich schlecht
handeln wollte.
Dies alles sage und schreibe ich für die Leute, die keine
Moral haben.
Eines Tages führte man mich hinterlistigerweise in eine
anständige Familie ein. Meine Schwester begleitete mich.
Man sprach nur von Familientugenden und hauptsächlich von Hausfrauenpflichten. Mir ging ein Licht auf,
und ich erkannte auf das Bestimmteste, daß ich in eine
Heiratsfalle geraten war. Nichts ist so schrecklich wie
die Tugend.

Eine Witwe führt ihre drei Töchter spazieren. Sieh die
Mutter an und du weißt, was aus den Töchtern wird.
Es ist nicht ermunternd.

Heutzutage muß ein Vater seinen zukünftigen Schwieger-
sohn fragen:
F.: „Hatten Sie Syphilis?“
A.: „Nein.“
F.: „Gut; aber ich gebe Ihnen meine Tochter nicht. Sie
haben das Zeug, krank zu werden und meine Tochter zu
verseuchen.“
Es gibt so Notwendigkeiten, die man schlucken muß.
Schlucken ist hart. Sagen wir: Resignieren.

Alte Männer haben keine Zähne mehr. Alte Wölfe aus-
gezeichnete.

Eine Frau wird erst wahrhaft gut, wenn sie Großmutter
wird. In Ozeanien ... Ich sage das nicht für Sie, meine
Damen in der Metropole ... Wenn auch nicht aus Über-
zeugung, so doch aus Höflichkeit.
Siehst de woll, da kimmt er ...

Erzählt mir da einer: „Jeder Mann muß seinem Vater-
lande dienen.“
„Und warum haben Sie nicht gedient?“
„Das ist etwas andres, ich bin frei, weil ich in den Ko-
lonien bin.“
Patriotismus!

Gut! Mein Geist geht auf Reisen; wir sind nicht mehr
in Ozeanien, sondern in Afrika, diesem guten Erdteil, den

alle teilen, oder besser, sich streitig machen wollen; der
so geeignet für Abenteurer wie Marchand ist. Dies Land,
wo man unter dem Vorwand zu zivilisieren, abmurkst.
Gelangweilt, Kaninchen zu schießen, schießt man schwar-
zes Fleisch.
Die Buren schossen auf das schwarze Fleisch und sagten:
„Weg da, ich will mich hier niederlassen." Mein Gott,
die Engländer treiben es nicht schlimmer. Ein Spiel mit
dem Gefühl. Man verkaufte Sklaven. Heute ist das
verboten. Nein, daß ich nicht lache. Geht hin und
schaut.
Also, in Afrika belehren uns viele arabische Manuskripte.
Man hat es mir erzählt, ich habe es geglaubt. Ich habe
also aufmerksam zugehört; macht es ebenso, wenn ihr
wissen wollt, was in ihnen erzählt wird.
In der Wüste ist nicht alles Sand, hie und da gibt es so
lachende Landschaften, daß da Giraffen leben, die in der
Luft schnuppern.
Eines Tages, den das arabische Manuskript uns nicht be-
zeichnet, also begegneten sich ein Löwe und ein Esel.
„Meine Hochachtung zuvor", rief Meister Langohr und
unser stolzer Wüstenkönig erwiderte: „Ich nehme sie
entgegen."
Der Löwe liebt das Wasser nicht sonderlich, und da sie
zu einem Fluß kamen, fragte er den Esel: „Bist du stark
genug, mich auf deinem Rücken über den Fluß zu
tragen, was mir gewiß eine Bronchitis ersparen wird?"
Unser Esel, froh, einem so gefährlichen Begleiter gefällig

sein zu können, stellte sich höflichst zur Verfügung, als ...
er plötzlich sein Hinterteil häßlich bearbeitet fühlte. Er
iate und schrie: „Himmel, was ist das?" — „Ach nichts,"
erwiderte der Löwe, „es ist meine Klaue."
Als sie weiter an einen Hügel kamen, sprach unser Esel
seinen Wüstenkönig an. „Bist du fähig, mit mir auf
dem Rücken diesen Hügel hinaufzulaufen." Das wort-
karge arabische Manuskript erzählt uns nur, daß der
Löwe seine Aufgabe leicht löste, als ... plötzlich der
Löwe ein außergewöhnliches Instrument, eine natürliche
Waffe, vermutlich einen Pfahl, sich grausam in die Ein-
geweide gestoßen fühlt. Diesmal wars ein Gebrüll.
„Himmel, was ist das?" Und unser Grauchen antwortet
mit dieser seiner Rasse eigentümlichen, jovialen und
schnurrigen Miene: „Ach nichts, es ist meine Klaue."
Es gibt zwei Arten von Klauen und die man meint, ist
nicht die schlimmste. Keine Verwechslungen mit den
Fußtritten des Esels!
Die arabische Philosophie ist ganz anders.

Mordioux! Cap de Dioux! Eine Hand drehte den Schnurr-
bart, die andre am Degenknauf.
Heute! Wie, was, ha! ... Und man spuckt sich in die
Hände.
Das heißt Entwicklung.
Ich besitze eine Fastnacht in Spanien von Goya. Ich
habe sie kopiert, aber ich habe sie verändert und die
Leute in Frack und Zylinder gesteckt.

Es war weniger gut, aber mehr Maskerade.

Vor mir liegt ein alter Bambus. Er ist von einem Wilden mit Strichen eingeritzt.

Eine geometrische Figur, das Viereck der Hypotenuse.

Ohne Zweifel eine längst versunkene Geometrie, und das interessiert mich.

Ich hätte gern gewußt, was sich im Gehirn dieses eingeborenen Künstlers abgespielt hat, aber der Künstler ist tot.

Ich besitze auch eine Reisebeschreibung mit vielen Illustrationen: Indien, China, die Philippinen, Tahiti usw. Alle die sorgfältig in Porträtabsicht kopierten Figuren ähneln Minerva oder Pallas. Schule ist schön.

Jean Dollent läßt in seinem Buch: „Des Monstres", die Köchin sagen: „Zu einer Hammelkeule gibt man keine Kohlrüben," und fügt hinzu: Das Konservatorium.

Hast du Kinder, die nichts taugen, laß sie Federfuchser werden, das ist noch das beste Mittel, etwas zu werden.

Ein Beamter hier sagt mir: „Kennen Sie Huysmans? Es scheint ein großer Schriftsteller zu sein. Er hat eben einen Orden bekommen." — „Ja, aber Huysmans hat als Ministerialbeamter einen Orden bekommen." Und unser erfreuter Beamter sagt: „Ach, also darum kannte ich ihn nicht." Der wahre Ruhm ist es, von jedem Omnibusschaffner gekannt zu werden.

Vater Corot in Ville D'Avrey. „Na, Vater Mathieu, gefällt dir das Bild?“

„O ja, die Felsen sind sehr ähnlich.“ Die Felsen waren Kühe.

In populo veritas.

Im Restaurant streiten berühmte Maler hin und her, es nimmt kein Ende und man fragt Degas nach seiner Ansicht. „Es kommt darauf an,“ sagt er, „wie das Bild gehängt wird.“ Jerome sagt zu mir: „Sehn Sie, der ganze Witz bei der Bildhauerei besteht darin, sein Gerüst gut zu berechnen.“ Was meinst du dazu, Rodin?

Das Bemerkenswerte bei der großen Revolution ist, daß die Führer geführt wurden. Eine Herde, die die andre führt.

Alles fängt gut an, um schlecht zu enden. Marat scheint mir der einzige gewesen zu sein, der wußte, was er wollte. Natürlich mußte er von einer Frau ermordet werden. Das Sandkorn, das eine Maschine zum Stehen bringt. Wäre die Fatalität etwa bewußt? O, dann ist das Wort unverständlich, oder besser, ich verstehe es nicht. Ich wurde von Leuten erzogen, die die Geschichte als weise Lehre betrachteten. Aufschluß vielleicht. Denn ich sah niemals ein übereinstimmendes Resultat. Ich hoffe, daß falls wir morgen Krieg mit England bekämen, wir uns nicht durch eine echte Jungfrau von Orleans führen lassen würden.

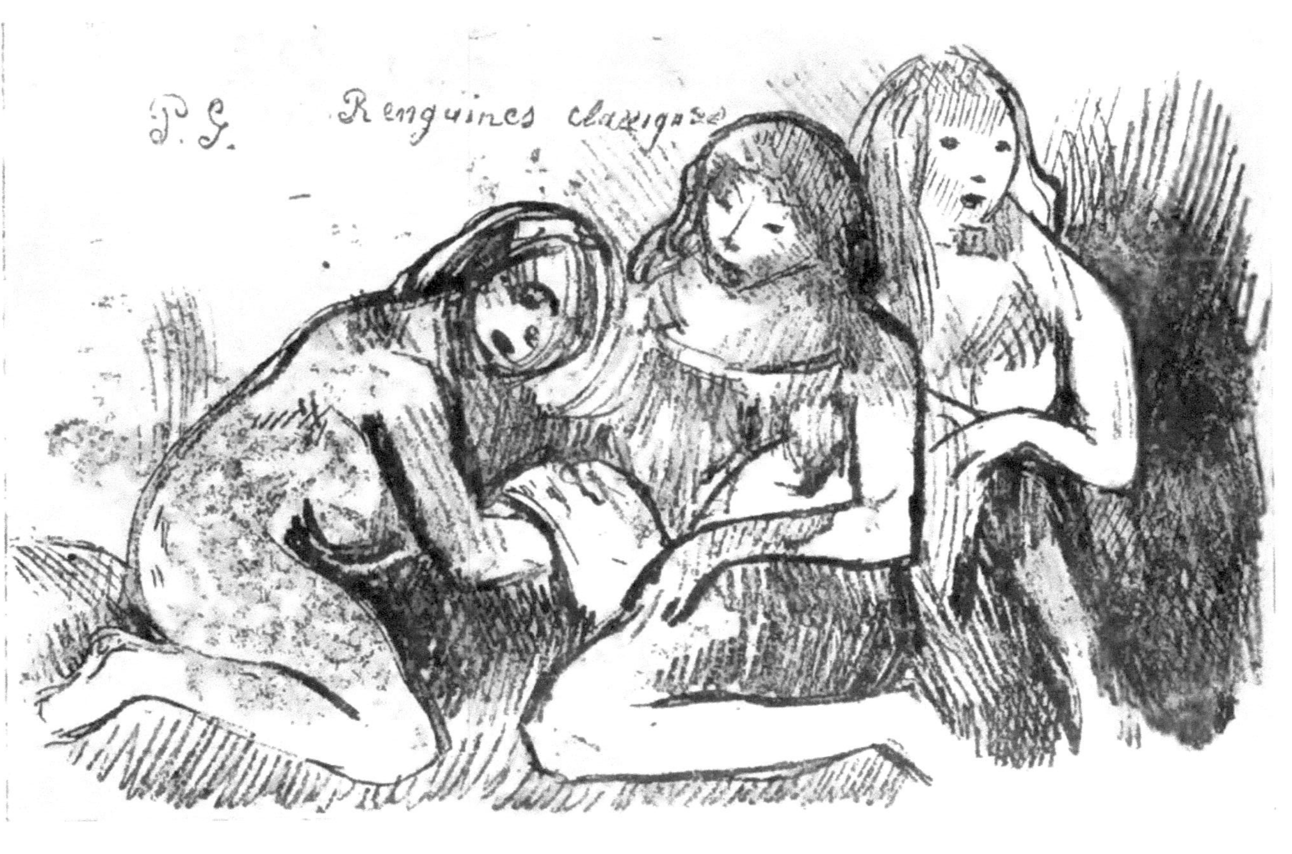
P. G.
Renguines classiques

ZOLA hatte seinen Haß. Ohne ein großer Mann wie er zu sein, kann man, scheint mir, auch seinen Haß haben. Zu jenen zähle ich.

Ich hasse Dänemark über alles. Sein Klima, seine Bewohner.

O! Dänemark hat sein gutes. Das ist unbestreitbar.

So hat Dänemark seit fünfundzwanzig Jahren, über sein Versagen auf der Weltausstellung von 1878 beschämt, begonnen nachzudenken und sich auf sich selbst zu konzentrieren, während Schweden und Norwegen die Bilderaustellungen Frankreichs überschwemmt haben, um auf allen Wegen, die schlecht riechen aber gut aussehen, zu plagiieren. Daraus ist eine dänische Kunst entstanden, die sehr persönlich ist, und die man wird beachten müssen, und ich bin glücklich, sie hier zu loben. Man tut gut daran, die französische und selbst die ganze ausländische Kunst zu betrachten, aber nur, um fähiger zu werden, in das eigne Innere zu schauen.

Man spielte mir einst in Kopenhagen einen sonderbaren Possen.

Ich, der ich nichts verlangte, wurde lebhaft von einem Herrn im Namen einer Kunstvereinigung aufgefordert und eingeladen, meine Werke in einem ad hoc gewählten Saal auszustellen. Ich hatte nichts dagegen.

Am Nachmittag des Eröffnungstages machte ich mich auf, um nur einmal hineinzusehen, und mein Erstaunen war nicht gering, als man mir bei meiner Ankunft sagte, die Ausstellung sei von Amts wegen mittags geschlossen worden.

Unnötig, irgendwo Aufklärung zu suchen. Überall
Schweigen. Ich stürzte zu dem wichtigen Herrn, der
mich eingeladen hatte. Der Herr sei, sagte mir das Mädchen, auf's Land gereist und würde sobald nicht wieder-
kommen.
Wie man sieht, ist Dänemark ein reizendes Land.
Man muß auch anerkennen, daß in Dänemark viel für
Erziehung, Wissenschaft und vornehmlich Medizin ge-
opfert wird. Das Krankenhaus von Kopenhagen kann
als eine der schönsten Einrichtungen in seiner Art, durch
seine Bedeutung und hauptsächlich durch seine innere
Instandhaltung, die ersten Ranges ist, gelten.
Gestehen wir ihnen dies als Huldigung zu, umso mehr
ich sonst nur noch Unheil sehe. Verzeihung, ich vergaß
noch, daß die Häuser ausgezeichnet sowohl gegen Kälte,
als für Lüftung im Sommer gebaut und eingerichtet sind,
und daß die Stadt hübsch ist. Auch muß man gestehen,
daß sich die Empfänge in Dänemark für gewöhnlich im
Eßzimmer abspielen, wo man vorzüglich speist. Es ist
immerhin etwas und vertreibt die Zeit. Lassen Sie sich
vor allen Dingen nicht allzusehr durch die uniforme Art
der Unterhaltung langweilen. „Ein großes Land wie das
Ihre muß uns recht rückständig finden. Wir sind so klein.
Wie finden Sie Kopenhagen, unser Museum usw. Das ist
alles nicht viel?" — Alles das wird gesagt, damit du just
das Gegenteil antwortest, und du tust es sicher aus Höflichkeit.
Landessitten!

Schön! Das Museum. Die Wahrheit zu sagen, gibt es keine Bildersammlung, außer einigen Gemälden aus der alten dänischen Schule, Meissoniersche Landschafter und mittelmäßige Marinemaler. — Hoffen wir, daß es heute anders geworden ist. Es gibt ein besonders für ihren großen Bildhauer Thorwaldsen erbautes Museum, einen Dänen, der in Italien lebte und starb. Ich habe es mir angesehen, gründlich angesehen, und mein Kopf hat gebrummt. Skandinavisch gewordene griechische Mythologie, die durch weitere Abwaschung protestantisch geworden ist.

Die Venusse schlagen die Augen nieder und hüllen sich schamhaft in nasse Laken. Nymphen, die eine Gigue tanzen. Ja, meine Herren, sie tanzen eine Gigue, sehen Sie sich die Füße an.

In Europa sagt man: der große Thorwaldsen. Aber man hat ihn nicht gesehen.

Sein berühmter Löwe, der einzige sichtbare für Schweizer Touristen.

Eine ausgestopfte, dänische Dogge.

Ich weiß, so ich dies sage, daß man in Dänemark in allen Ecken ausstänkern wird, um mich zu lehren, über den größten dänischen Bildhauer zu stänkern . . .

Ich hasse Dänemark aus vielen anderen Gründen, aber es sind sehr persönliche Gründe, die man für sich behalten muß.

Lassen Sie mich Sie in einen Salon einführen, wie man deren heute selten sieht, den Salon eines Grafen von sehr altem dänischen Adel.

Der große Salon ist viereckig. Zwei riesige Panneaus in deutscher Tapisserie, die besonders für die Familie gefertigt wurden, so wunderbar Sie sie sich nur vorstellen mögen. Zwei Supraporten, Turnersche Ansichten von Venedig. Das Mobilar in geschnitztem Holz mit dem Familienwappen, eingelegte Tische, Stoffe aus der Zeit. Das ganze ein künstlerisches Wunder.

Man hat Sie eingelassen und man empfängt Sie. Sie setzen sich auf einen roten Samtpuff in Schneckenform, und auf dem wundervollen Tisch liegt ein billiger Läufer aus dem Warenhaus, Photographiealbum und Blumenvasen in demselben Genre. Vandalen?!

Neben dem Salon eine sehr hübsche Galerie. Die Bildersammlung, das Ahnenbild von Rembrandt usw. . . .

Sie riecht nach Moder . . . kein Mensch betritt sie.

Die Familie zieht die Kirche vor, wo man die Bibel liest und alles Dich erstarren läßt.

Ich gestehe, daß in Dänemark das Verlobungssystem seine guten Seiten hat, indem es nämlich zu nichts verpflichtet (man wechselt die Braut wie das Hemd) und es ganz nach Liebe, Freiheit und Moral aussieht. Wenn du verlobt bist, kannst du selbst auf Reisen gehen, der Mantel der Verlobung deckt alles. Man spielt mit dem Ganzen, aber „das" nicht, was den Vorteil für beide Teile hat, zu lernen, daß man sich nicht vergißt und Dummheiten macht. Der Vogel verliert bei jeder Verlobung einen Haufen kleiner Federn, die nachwachsen, ohne daß man es bemerkt. Äußerst praktisch, diese Dänen . . . Probiere,

aber laß dich nicht herumkriegen. Du könntest es bereuen. Und vergiß nicht, daß die Dänin eine ausnehmend praktische Frau ist ... Versteh! Es ist ein kleines Land, man muß vorsichtig sein. Bis auf die Kinder, denen man zu sagen beibringt: „Papa, schaff Geld, sonst, armer Vater, kannst du dich packen.“ Ich kannte solche.
Ich hasse Dänemark.

Ihre Litteratur soll gut sein. Ich kenne sie nicht. Immerhin entsinne ich mich, ein Stück von Brandes gesehen zu haben. Aber nein doch, ja, doch, ich bin nicht sicher. Es handelte sich um einen Mann, der auf Reisen in einem Hotel einen, für die Frauen so gefährlichen Augenblick, ausgenutzt hatte. Später findet er sie ruhig an der Seite ihres Gatten wieder. Der Mann droht, ansonsten Bruch des Schweigens, und die Frau resigniert.
Wie man sieht, ist es rührend und immer neu.
Ich habe Othello spielen sehen. Der große Tragöde Rossi, der auf einer Tournee war, spielte den Othello auf italienisch, die Mit- oder Gegenspieler sprachen dänisch.
Der Verräter Jago war geschmeidig wie eine Eisenstange und Desdemona kam trotz all ihrer Bemühungen, eine warmblütige Spanierin zu agieren, nicht über den Nullpunkt (Eisschmelze).
Ich sah auch Zolas Pot-Bouille. Hier waren die Schauspieler in ihrem Element. Küchenspülicht, Bürgerschmutz. Josserands waren vollkommen, Trublot nicht ganz so.

Abgesehen davon tanzen die Däninnen sehr gut. Man möchte glauben, ihr ganzer Geist stecke darin. Beurteilt die Dänen nicht in Paris, sondern bei sich. Bei uns sind sie süß wie Zucker, bei sich der reine Essig.

Dies Volk hat sehr merkwürdige Prüderien. So sind am Sund die Besitzungen benachbart und jeder hat seine Kabine, um sich beim Seebad anzuziehen oder auszuziehen. Die Landstraße läuft oben vorbei.

Die Frauen baden getrennt, die Männer desgleichen, aber zu ihren Stunden. Man badet nackt und es besteht die Vorschrift, daß der Spaziergänger auf der Landstraße nichts zu sehen hat.

Ich gestehe, daß ich, von Natur sehr neugierig, gegen diese Vorschrift verstieß, als ich eines Tages die Frau eines Ministers auf sanftem Hang ins Meer steigen sah. Ich gestehe auch, daß dieser ganz weiße bis zur halben Wade nackte Körper einen recht guten Eindruck machte. Das Töchterchen lief hinterher, drehte sich um und bemerkte mich. „Mama". Die Mama kehrte erschreckt um, nahm den Weg zur Kabine zurück und zeigte mir so die ganze Vorderseite, nachdem sie mir die Rückseite gezeigt hatte. Ich gestehe ferner, daß die Vorderseite von weitem einen recht guten Eindruck machte.

Es gab einen Skandal. Wie? Zuzusehen!!!

In einem französischen Seebad zögerte eine Dänin, die sich nach unserer Sitte einen Badeanzug angezogen hatte und die Kabine verließ, in ihrer dänischen Prüderie mit jedermann, Mann und Weib, baden zu gehen. Und die

Kabinenwärterin entgegnete auf Befragen: „Sehen denn
gnädige Frau das Meer nicht?" Desgleichen ruft der Bade-
meister: „Das ist noch eine, die mir den P . . . hinstreckt
und mir in Gesellschaft nicht die Hand geben würde."
Noch eine merkwürdig prüde Dänin sah ich in einem
freien Aktsaal, die mit einem ungeheuren Zirkel sorgfältig den Abstand . . . vom Penis zum Knöchel des
Modells maß.
Das sehr kaltblütige Modell benahm sich anständig.
Diese junge Dänin speiste im gegenüberliegenden Restaurant, ohne jemals ihre Handschuhe auszuziehen. Eine
Portion für 40 Cts. und für 10 Cts. Brot. Man sieht die
Weisheit selbst, Sparsamkeit und Eleganz und vor allem,
sie irrte sich nicht um einen Zentimeter vom Penis zum
Knöchel: sie wollte es richtig machen, das ist die Ehr-
lichkeit in der Kunst. Zum Schluß bekommen sie alle
eine Medaille im Salon.

MEINE erste Reise als Steuermannsjunge ging an Bord
des Luzitano vor sich (Union des chargeurs. Reisen
von Havre nach Rio de Janeiro). Einige Tage vor der
Abfahrt kam ein junger Mann zu mir und sagte: „Sie
sind mein Nachfolger als Steuermannsjunge. Hier ist ein
kleines Paket und ein Brief, die Sie freundlichst an ihre
Adresse gelangen lassen wollen."
Ich las: Madame Aimée. Rua d'Ovidor.
„Sie werden", fuhr er fort, „eine reizende Frau kennen

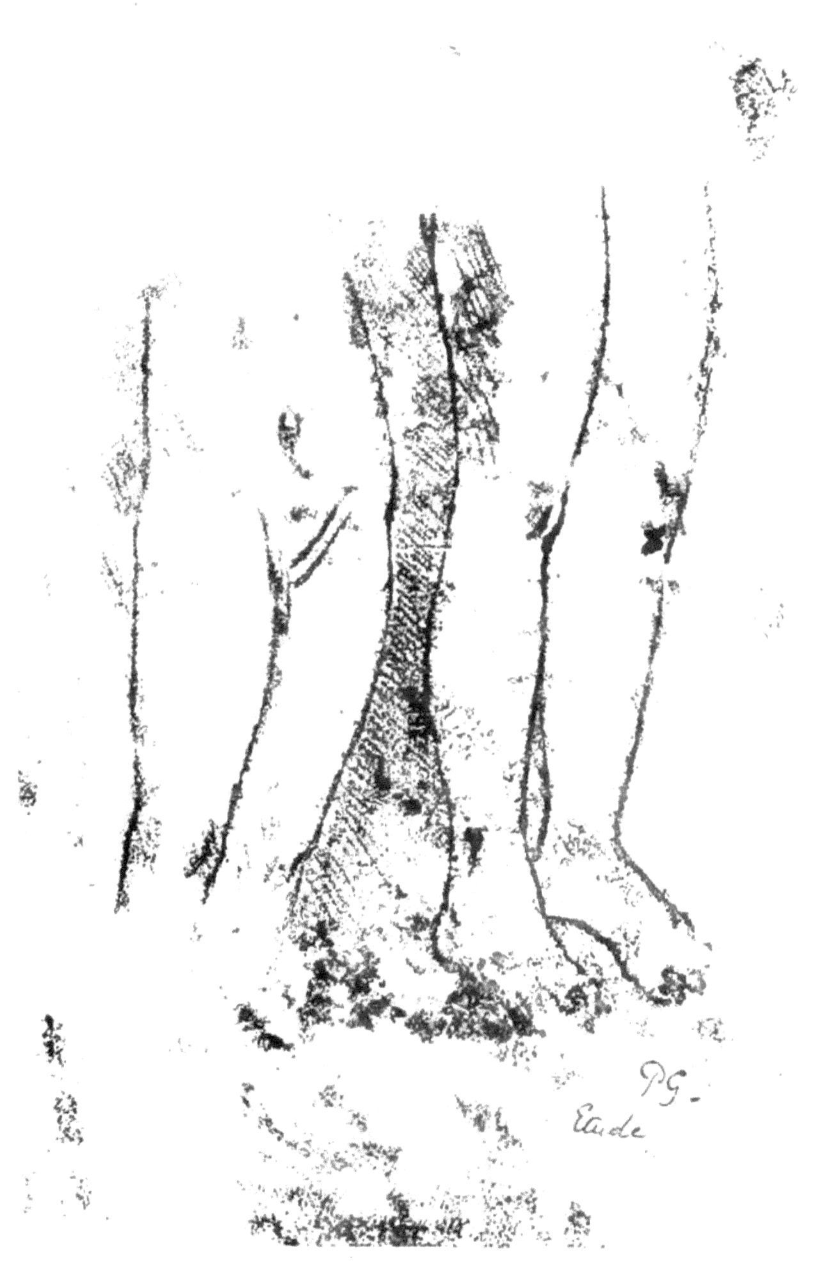
P.G.
Étude

lernen, der ich Sie ganz besonders empfehle. Sie stammt gleich mir aus Bordeaux."

Ich schenke dir, lieber Leser, die Seereise, die dich nur langweilen würde.

Immerhin will ich so viel sagen, daß der Kapitän Tombarel ein Viertelneger und ein ganz reizendes Alterchen war, und daß der Luzitano, ein hübsches Schiff von 1200 Tonnen, für Passagiere gut eingerichtet war und bei gutem Wind zwölf Knoten lief.

Die Überfahrt verlief gut und ohne Sturm,

Wie Sie sich denken können, war es meine erste Tat, mit dem kleinen Paket und dem Brief zu der angegebenen Adresse zu gehen. Das war eine Freude . . .

„Wie nett von ihm, an mich gedacht zu haben. Und du, Liebling, laß dich recht anschauen, wie hübsch du bist." Ich war trotz meiner 17 ½ Jahre damals ganz klein und sah nach 15 aus.

Trotzdem hatte ich einen ersten Seitensprung in Le Havre vor meiner Einschiffung gemacht, und mein Herz bubberte. Es wurde für mich ein ganz entzückender Monat.

Diese reizende Aimée war trotz ihrer 30 Jahre sehr hübsch und Primadonna in den Offenbachschen Opern. Ich sehe sie noch, wenn sie köstlich gekleidet in ihrem mit einem feurigen Maultier bespannten Coupé davonfuhr. Alle Welt machte ihr den Hof, aber im Augenblick war ein Sohn des russischen Zaren, ein Schulschiffkadett, der offizielle Liebhaber. Er machte solche Ausgaben, daß der Kommandant des Schulschiffes den französischen Konsul aufsuchte, damit dieser geschickt intervenierte.

Unser Konsul ließ Aimée in sein Büro kommen und machte ihr höchst ungeschickt einige Vorhaltungen. Aimée ließ sich nicht ärgern, begann zu lachen und sagte: „Lieber Konsul, ich höre Ihnen mit Entzücken zu und ich glaube, daß Sie ein äußerst geschickter Diplomat sein müssen, aber . . . aber ich glaube auch, daß Sie in den Dingen des H . . . nichts verstehen.

Und im Fortgehen trällerte sie: „Sage mir, Venus, welchen Spaß findest du daran, meine Tugend zu Fall zu bringen?“

Und Aimée brachte meine Tugend zu Fall. Das Terrain muß wohl geeignet gewesen sein, denn ich wurde recht nichtsnutzig.

Bei der Rückreise hatten wir mehrere weibliche Passagiere, unter anderm eine ganz rundliche Deutsche.

Diesmal war der Kapitän verliebt und mächtig hinterher. Aber vergeblich. Die Deutsche und ich hatten ein reizendes Nest in der Segelkammer gefunden, deren Tür auf die Koje bei der Treppe ging.

Ich band ihr, nach Möglichkeit verlogen, einen Haufen dummes Zeug auf, und die ganz und gar verliebte Deutsche wollte mich in Paris wiedersehen. Ich gab ihr als Adresse: La Farcy, Rue Joubert.

Das war sehr häßlich und ich hatte einige Zeit Gewissensbisse, aber schließlich konnte ich sie doch nicht zu meiner Mutter schicken.

Ich will mich nicht besser oder schlechter machen als ich
bin. Mit achtzehn hat man viel Unfug im Kopf.

ROUJON, Schriftsteller, Direktor der Beaux-Arts.
Man hat mir eine Audienz gewährt, ich trete ein.
Zwei Jahre vorher war ich mit Ary Renan, als ich studien-
halber nach Tahiti sollte, demselben Amt vorgestellt
worden, und der Unterrichtsminister hatte mir zur Er-
leichterung der Studien eine Mission anvertraut. In diesem
Amt sagte man mir: „Diese Mission ist unbezahlt, aber
entsprechend unseren Prinzipien und da wir es vorher
mit der Mission des Malers Dumoulin in Japan so gemacht haben, entschädigen wir Sie nach Ihrer Rückkehr
durch einige Ankäufe. Beruhigen Sie sich, Herr Gauguin, schreiben Sie uns, wenn Sie zurück sind, und wir
senden Ihnen das Notwendige für die Reise."
Worte, Worte ...
Da bin ich denn beim erhabenen Roujon, dem Direktor
der Beaux-Arts.
Er sagt mir liebenswürdig: „Ich kann Ihre Kunst,
die mir widerstrebt und die ich nicht verstehe, keineswegs unterstützen. Ihre Kunst ist zu revolutionär. Sie
würde in unseren Beaux-Arts, deren Direktor ich,
unterstützt durch einige Inspektoren bin, einen Skandal
geben."
Der Vorhang bewegte sich, und ich vermeinte einen
zweiten Bouguerau als Direktor zu sehen. — (Wer weiß?

Den richtigen vielleicht.) Gewiß, er war es nicht. Aber meine Einbildung schweift leicht ab, und für mich war er da.

Wie? Ich? Revolutionär? Der ich Raphael anbete und achte?

Was heißt revolutionäre Kunst? Wann hört die Revolution auf?

Wenn: nicht in Bougueraus oder Roujons Fußtapfen wandeln, eine Revolution bedeutet, bin ich der Blanqui der Malerei.

Und dieser köstliche Direktor der Beaux-Arts (Zentrum – Rechter Flügel) sagt mir noch bezüglich der Versprechungen seines Vorgängers: „Haben Sie darüber etwas Schriftliches?"

Sollten die Direktoren der Beaux-Arts noch weniger als die einfachsten Sterblichen aus der Pariser Unterschicht sein, daß ihr Wort selbst vor Zeugen nur mit ihrer Unterschrift Gültigkeit hätte.

Wenn man noch etwas Gefühl für die menschliche Würde hat, bleibt einem nur sich zurückzuziehen, was ich denn alsbald, arm wie zuvor, tat.

Derselbe sehr liebenswürdige und taktvolle Direktor sandte mir ein Jahr nach meiner Abreise nach Tahiti (zweite Reise), nachdem er von einem Naivling – ohne Zweifel – der als mein Bewunderer noch an gute Taten glaubte, erfahren hatte, daß ich in Tahiti krank und in äußerstem Elend fest saß, sehr offiziell 200 Franken – „zur Ermunterung".

Die 200 Franken sind, wie man sich denken kann, an die Direktion zurückgegangen.

Man schuldet jemandem etwas und sagt ihm: „Hier haben Sie eine kleine Summe, d i e i c h I h n e n s c h e n k e, zur Ermunterung ...

Ich hatte die Absicht, Bouguerau zu hassen. Dann wurde Gleichgültigkeit daraus. Später sogar ein Lächeln. Als ich in Arles in die „große Nummer" zum Vater Louis ging, ließ mich dieser voll Stolz seinen Extrasalon sehen. Als Künstler, sagte er, müßte ich ein gutes Urteil haben.

Im Salon zwei sehr schöne Editions Goupil: Eine Jungfrau von Bouguerau und als Pendant eine Venus von eben demselben.

Der Vater Louis zeigte sich bei dieser Gelegenheit als genialer Mensch. Als großartiger Hurenwirt, der er war, hatte er Bougueraus wenig revolutionäre Kunst erfaßt, und wohin sie gehörte.

Cabanel! Das ist ein ander Ding.

Ich haßte ihn zu seinen Lebzeiten, ich haßte ihn nach seinem Tod, ich werde ihn bis zu dem meinen hassen. Und zwar darum:

Als junger Mann reiste ich in den Süden und nach Montpellier; ich besuchte das berühmte Museum, das von Herrn Brias erbaut und mit seiner ganzen Sammlung gestiftet worden war. Unnötig zu erzählen, wer dieser berühmte

Brias war, der Maler und Malerfreund, was Raoul de St. Victor zur Verzweiflung brachte.

Der Grundstock der Sammlung: italienische Maler, Giotto, Raffael usw.... Dazwischen Millets, Bronzen von Barye. Dann kam man in einen sehr großen Saal, dessen eines Drittel um einige Stufen erhöht war. Brias' intime Sammlung, das heißt die Auslese der revolutionären Maler (einer Epoche). O Roujon!

Ein Selbstporträt von Brias, ein Bildnis Brias von Courbet, Delacroix und andere.

Mehrere Bilder von Courbet, darunter sein großes Bild: Badende Frauen.

Von Delacroix zahlreiche Studien und Skizzen zu seinen großen Gemälden, unter anderen ein Daniel in der Löwengrube. Viele Corots, Tassaerts und ...

Ein Meisterbild von Chardin. Das große Porträt einer adligen Dame, die vor einem Tische sitzt und stickt. Der Gesamteindruck war, obschon revolutionär, für mich eine Quelle der Freude, als plötzlich sich mein Auge auf einen völlig disharmonischen Fleck richtete. Ein kleines Bild, das einen Jünglingskopf darstellte, hübscher Junge, wie ein Friseur, dumm und geckig. Selbstbildnis Cabanels.

Ich vergaß bei dieser Aufzählung verschiedene Stücke von Ingres, unter anderem ein berühmtes Bild, dessen Titel (mein Gedächtnis versagt) ich vergaß.

Ein junger König liegt im Bett und wird mit seinem Geheimnis sterben. Im Alkoven hat der Arzt seine Hand auf des Jünglings Herz gelegt.

Die jungen Dienerinnen ziehen vorbei und beim Anblick
der einen zittert sein Herz.

Ein erstklassiger Ingres.

Viele Jahre später besuchte ich in Begleitung Vincents das
Museum von neuem. Welche Veränderung.

Die Mehrzahl der alten Stücke war verschwunden und
überall an ihrer Stelle Staatsankäufe. Dritter Preis.

Cabanel und seine ganze Schule hatten das Museum überschwemmt. Ich muß hinzufügen, daß Cabanel aus Montpellier stammt.

ICH hasse Unbedeutendheit, ich hasse den halben Weg.
Und in der Geliebten Armen, die mir zuruft: „Rolla,
du tötest mich", will ich ihr nicht antworten müssen:
„Nein, ich versage."

Ich brauche alles. Ich kann es nicht zwingen, aber ich
will es. Laß mich Atem schöpfen und, erholt, rufen:
Schenk ein, schenk von neuem ein. Laufen, außer Atem
kommen und toll sterben. Weisheit . . . du langweilst
mich und gähnst ohne Unterlaß.

Die Philosophie ist schwer, wohnt sie mir nicht aus Instinkt inne. Süß im Schlaf mit dem Traum, der sie
schmückt. Sie ist keine Wissenschaft . . . höchstens im
Keim.

Vielgestaltig wie alles in der Natur, unaufhörlich in der
Entwicklung ist sie nicht, wie ernste Leute es euch lehren
möchten, eine Konsequenz, wohl aber eine Waffe, die wir
wie die Wilden nur uns selbst verfertigen. Sie erweist

sich nicht als eine Wirklichkeit, sondern als ein Bild. Und wie ein Bild herrlich, wenn das Bild ein Meisterwerk ist.

Die Kunst erträgt die Philosophie, wie die Philosophie die Kunst erträgt. Was würde ansonsten aus der Schönheit?

Die Riesin führt die Angel der Welt zum Pol zurück, ihr großer Mantel schützt und wärmt die beiden Keime Seraphitus und Seraphita, diese fruchtbaren Seelen, die sich ewig vereinigen, um aus ihrem nördlichen Nebel über die ganze Welt zu fliegen, sie lieben und schaffen zu lehren.

Wie es in mir aussieht, wollt ihr mich wissen lehren: lernt zuvor, wie es in euch selber aussieht. Ihr habt das Problem gelöst, ich könnte es nicht mit euch lösen. Und wir alle sollen es lösen.

Arbeit ohne Ende — was wäre sonst das Leben?

Wir sind, was wir allzeit waren und allzeit sein werden, ein von allen Winden geschaukeltes Schiff.

Geschickte und vorsichtige Seeleute freilich vermeiden die Gefahr, in der andere umkommen. Indessen tragen sie einem Ich-weiß-nicht-was Rechnung, das dem einen erlaubt, am selben Ort zu leben, wo ein anderer ebenso handelnd stirbt.

Die einen wollen, die anderen resignieren kampflos.

Ich meine, das Leben hat nur Sinn, wenn man es mit Willen oder zumindest nach Möglichkeit seines Willens lebt.

Tugend, Gut und Böse sind Worte. Wenn man sie nicht zerbricht, um ein Gebäude zu bauen. Sie haben nur wirk-

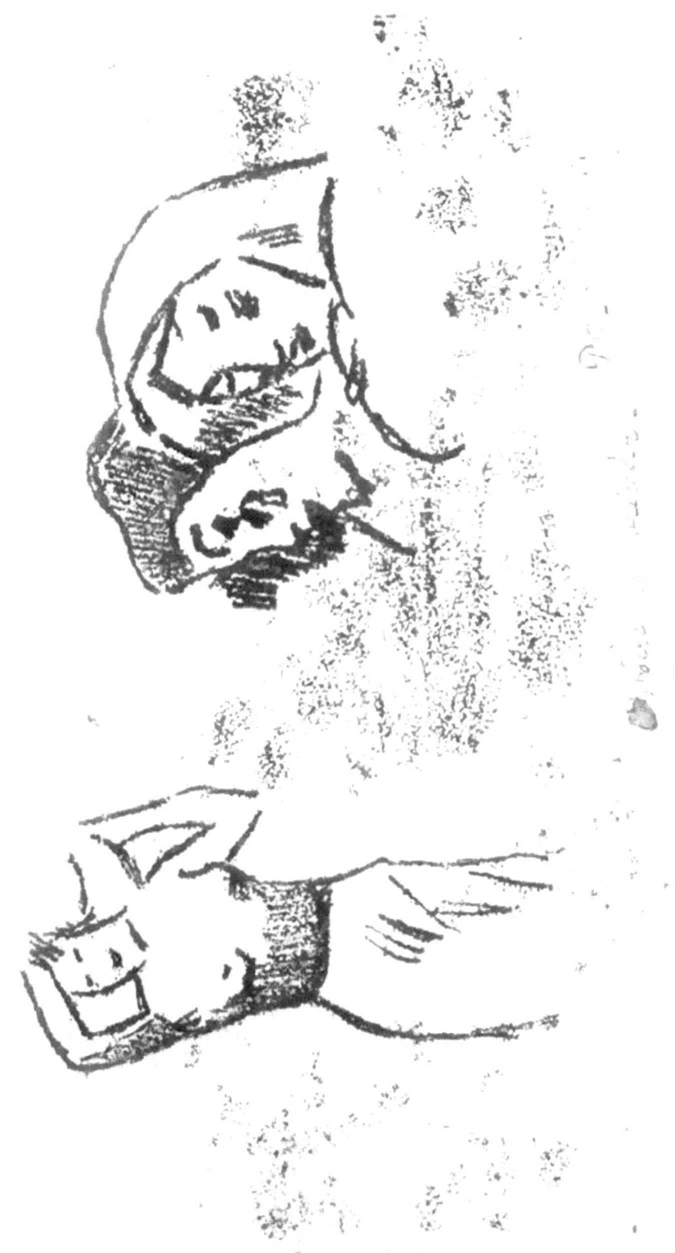

lichen Sinn, wenn man sie anzuwenden versteht. Sich in
die Hände seines Schöpfers geben, heißt: sich vernichten
und sterben.

St. Augustin und Fortunat vor dem Manichäer haben
beide recht und beide unrecht, denn nichts wird festgestellt.

Die Kraft des Guten und die Kraft des Bösen.

Sich in ihre Hände geben, ist schwer und wenig würdig.

Es ist die Entschuldigung.

Kein Mensch ist gut, kein Mensch ist böse, alle sind es
gleichmäßig und anders. Überflüssig es festzustellen, be-
haupteten die Geriebenen nicht das Gegenteil.

Ein Menschenleben ist so wenig, und doch bleibt soviel
Zeit, große Dinge, Teile des gemeinsamen Werkes zu
schaffen.

Ich will lieben und kann es nicht.

Ich will nicht lieben und kann es nicht.

Man schleppt sein Gegenspiel mit sich, und dennoch vertragen die beiden sich.

Ich war mitunter gut und beglückwünsche mich dessent-
halben nicht.

Ich war oft böse und bereue es nicht.

Voll Skepsis betrachte ich all diese Heiligen und sehe sie
nicht leben. In den Nischen der Kathedralen haben sie
Sinn, nur da.

Auch die Wasserspeier, unvergeßliche Ungeheuer, verfolgt mein Auge ohne Schrecken in ihren krausen Linien,
bizarre Ausgeburten.

Der graziöse Spitzbogen macht des Monumentes Schwere leicht, die großen Stufen laden die neugierigen Spaziergänger, ins Innere zu schauen. Der Kirchturm. – Das obere Kreuz. – Das Querschiff. – Das innere Kreuz. Auf seiner Kanzel wettert der Priester von Hölle; in ihren Bänken sprechen die Damen von Mode; und das ist mir lieber.

Man sieht, alles ist ernst und auch lächerlich. Die einen weinen, die andren lachen. Der Palast, die Hütte, die Kirche, das Bordell.

Was tun?

Nichts!

Das alles muß sein und schließlich hat es keine Folgen. Die Erde dreht sich weiter. Alle Welt scheißt. Nur Zola beschäftigt sich damit.

Mein Großvater sagte: „Zu unserer Zeit", und meinerseits Großvater, werde ich sagen: „Zu meiner Zeit." Unser und mein: Eine Nuance ist dabei. Es ist der Aufstieg des Ichs gegen das: Wir.

Man erzählt uns von Abraham, der Familie, von Cäsar, Brutus usw. ... Man hat ja Zeit zu verlieren. Abraham ist da drüben und die Kinder, die man nicht mehr opfert, sind in den fünf Weltteilen. Der eine ist Minister und sein Bruder Kuppler. Brutus' Sohn ist heute Papas Sohn. Geht doch nicht mit diesem ganzen Zeug philosophieren, es sei, man will damit sagen: Que va piano, va sano. Seien wir alle auf dem Schwung, unwissend, halb unwissend, sehr snobistisch. Andernfalls wir Gefahr laufen,

daß ein neuer Roujon-Direktor des Lebens uns versichert, daß wir zu revolutionär sind.

ICH will diese Nymphen verewigen — und dieser göttliche Mallarmé hat sie verewigt, heiter, toll von Liebe,
Fleisch und Leben, beim Epheu, der in Ville d'Avray
die großen Eichen Corots umspannt, in goldenen Farben,
mit durchdringendem Raubtiergeruch, tropischen Säften
hier wie anderwärts zu allen Zeiten bis in Ewigkeit.
Bilder und Dichtungen sind des Autors Porträt. Der
Gedanke schaut nur aufs Werk. Schaut er aufs Publi-
kum, fällt das Werk.
Sagt mir ein Mensch: „Du mußt", bäume ich mich auf.
Sagt es mir die Natur (meine Natur), so schließe ich erst,
wenn ich besiegt bin, einen Vergleich.
Man sagt: „Schenk' ein, schenk' nochmals ein." Das hat
nur Wert, wenn man leidet.
Über meinen Verstand hinaus wollte ich einen höheren
Verstand aufbauen, der des Nachbarn werden sollte.
Wenn es ihm paßt.
Die Anstrengung ist grausam, aber nicht vergeblich. Es
ist Ehrgeiz, nicht Eitelkeit.
Auf azurblauem Grund eine Adelskrone, eine Nessel-
krone und als Devise:

Mir ist alles Wurst.

Es ist trivial, aber hochmütig. Lachend ersteigt man seinen Kalvarienberg, die Beine zittern unter des Kreuzes

Last; oben knirscht man mit den Zähnen und dann wieder lächelnd rächt man sich. Schenk' nochmals ein . . . Weib, was habe ich mit dir zu schaffen? Die Kinder. Es sind meine Schüler, die der zweiten Wiedergeburt.

Die Sünden der andren wieder gut machen, wenn sie Schweine sind? Und darum sich opfern? Man opfert sich nicht, man läßt sich besiegen.

Zivilisiert? Ihr seid stolz, kein Menschenfleisch zu fressen.

Auf einem Floß frässet ihr's . . . vor Gott, den ihr endlich zitternd anflehtet.

Zum Ausgleich freßt ihr täglich eures Nachbarn Herz.

Begnügt euch zu sagen: „Ich habe es nicht getan", da ihr nicht sicher seid, sagen zu können: „Ich werde es nicht tun."

Aber all das ist traurig? Gewiß, wenn ihr es nicht belachen könnt. Bei dem Indianer am Marterpfahl wiegt die Kraft, bei den Qualen lächeln zu können, die Qualen reichlich auf. Und . . . warum Tränen hervorrufen, um sie zu beweinen?

Man denkt, aber frei.

Vielleicht ist das die Kraft des Volkes.

Auch beim Kinde leitet der Instinkt den Verstand.

J. Jacques Rousseau beichtet. Es entspringt das weniger einem Bedürfnis als einer Idee: der Mann des Volkes ist schmutzig aber fähig, sich zu reinigen. Man wollte es nicht glauben und hat es doch glauben müssen. Das ist

ein ander Ding als Voltaire, der zur Adelskaste spricht:
„Ihr seid lächerlich, wir sind lächerlich, bleiben wir
lächerlich.“

Candide ist ein naives Kind, es muß solche geben. Bleiben
wir, was wir sind.

Jacques der Fatalist bleibt fatalerweise ein Knecht.

Jean Jacques Rousseau, das ist ein ander Ding.

Emil oder die Erziehung!! Die einen Haufen Biederleute
empört. Dies ist noch die schwerste Kette, die ein Mensch
zu sprengen suchte. Ich selbst wage es zu Hause nicht,
daran zu denken. Hier, hinfort aufgeklärt, sehe ich ruhig
zu. Ich sah einen eingeborenen Häuptling, den, der ohne
die französische Besitzergreifung König geworden wäre,
von einem weißen, mit einer Weißen verheirateten Kolonisten, eins seiner Kinder erbitten. Er hätte ihm bei der
Adoption fast seinen ganzen Landbesitz und dem Vater
500 ersparte Piaster als Entgelt geschenkt.

Hier ist das Kind für alle die größte Wohltat der Natur
und gehört dem, der es adoptiert. Das die Wildheit der
Maorier, die nehm' ich mir an.

Alle meine Zweifel sind geschwunden. Ich bin und bleibe
ein Wilder.

Das Christentum versteht hier nichts . . . Glücklicherweise bleibt, trotz seiner mit den zivilisierten Erbschafts-
gesetzen verbundenen Bemühungen, die Heirat nur eine
Vergnügungszeremonie. Der Bastard, das im Ehebruch
erzeugte Kind, werden wie in der Vergangenheit einge-
bildete Ungeheuer unserer Zivilisation sein.

Hier wird Emil in vollem Sonnenschein erzogen. Wer von jemandem nach Wahl adoptiert wurde, wird von der gesamten Gesellschaft adoptiert.

Lächelnd können die jungen Mädchen ohne Scheu soviele Emils, wie sie wollen, zur Welt bringen.

Die Ausflüchte der Sprache, Kunstfertigkeiten des Stils, blendende Umwege, die mir als Künstler mitunter anstehen, stehen meinem barbarischen, so harten, so liebenden Herzen nicht an. Man versteht sie und sucht sich in ihnen zu üben als in einem Luxus, der mit der Zivilisation übereinstimmt und dessen Schönheit ich nicht verachte.

Wir wollen sie nutzen, uns an ihnen freuen lernen, aber ohne Zwang. Süße Musik, die ich für Stunden bis zu dem Augenblick zu hören liebe, wo mein Herz das Stillschweigen fordert.

Auch Wilde ziehen sich mitunter an.

ICH fürchte, daß die Jugend, die in ein und derselben, wie mir scheint zu hübschen, Form gegossen wurde, die Spur davon trotz all ihrer Bemühungen nicht verwischen kann.

<pre>
        Kunst für Kunst   — warum nicht?
        Kunst um zu leben —   do
        Kunst um zu gefallen —   „

            „   „   „   „

            „   „   „
</pre>

Gleichviel, wenn es nur Kunst ist.

Und so sagt man mit zwanzig Jahren: „Es wird."

Ich habe schon von so vielen gelesen, die es gesagt haben.

Welch Glück!

Und wenn eines Tages die Wolke sich teilt, wird man dickköpfig werden müssen, oder von neuem sagen: Es ist nicht mehr, aber jetzt wird es. Und so weiter bis zum Greisenalter.

Ich sah sie, sah sie in Mengen, diese gewaltigen Redner, die von Gold reden, einen Haufen gefurchter Stirnen. Ich wurde ganz klein dabei, aber ich sagte mir: „Ich werde es schon wieder einholen."

Der Künstler ist mit zehn Jahren, mit zwanzig, mit hundert Jahren immer der Künstler, ganz klein, ein wenig groß und ganz groß. Hat er nicht seine Stunden, seine Augenblicke, nie unfehlbar, weil er Mensch ist und lebendig? Der Kritiker sagt ihm: da ist Norden, und ein andrer sagt ihm: Norden ist Süden und bläst auf einen Künstler wie auf eine Wetterfahne.

Der Künstler stirbt, die Erben fallen über das Werk her, ordnen das Autorenrecht, das Auktionslokal, den Nachlaß und alles, was sich noch ergibt. Nun ist er bis auf die Haut ausgezogen.

Ich denke daran und ziehe mich vorher aus: Es erleichtert.

CÉZANNE malt rötliche Landschaften, tiefblaue Gründe, schweres Grün, schimmerndes Ocker, die Bäume reihen, die Äste verflechten sich und lassen doch das Haus seines Freundes Zola mit den zinnoberroten Läden sehen, die die Chrome, die auf dem Mauerkalk flirren, orangen einfärben. Die knallenden Veroneser Farben zeigen das raffinierte Grün des Gartens, und als Kontrast bringt der dunkle Ton der ins Violette spielenden Nesseln Klang in das einfache Gedicht. — Das alles in Médan.

Anmaßend sieht der entsetzte Spaziergänger auf das, was er für eine jämmerliche Dilettantenpinselei hält und fragt, lächelnder Lehrer, Cézanne: „Sie malen?"

„Gewiß, aber so wenig."

„Ach, das sehe ich; wissen Sie, ich bin ein alter Corotschüler und mit Ihrer gütigen Erlaubnis werde ich Ihnen das Zeug mit einigen geschickten Strichen in Ordnung bringen. Die Valeurs, die Valeurs, nur das."

Und der unverschämte Vandale schmiert auf die strahlende Leinewand einigen Unsinn. Schmutziges Grau deckt die orientalischen Seiden.

Cézanne ruft: „Herr, Sie haben Glück und müssen ohne Zweifel, wenn Sie ein Porträt malen, die Lichter auf die Nasenspitze wie auf ein Stuhlbein setzen."

Cézanne ergreift wieder die Palette, kratzt mit dem Messer allen Dreck des Herrn ab.

Und nach kurzem Stillschweigen läßt er einen fürchterlichen fahren, dreht sich zu dem Herrn um und fragt: „Was? Das erleichtert."

MEIN guter Onkel in Orleans, den man Zizi nannte, weil er Isidor hieß und sehr klein war, erzählte mir, daß wir, als wir aus Peru kamen, das großväterliche Haus bewohnten. Ich war damals sieben Jahre alt.

Man sah mich mitunter im großen Garten trampeln und Sand weit um mich werfen.

„Nun, Paulchen, was hast du?" Ich trampelte noch heftiger und sagte: „Baby ist ungezogen."

Schon als Kind beobachtete ich mich und fühlte das Bedürfnis, es mitzuteilen.

Ein andres Mal sah man mich unbeweglich, in Extase und schweigend, unter einem Haselnußstrauch, der nebst einem Feigenbaum die Gartenecke schmückte.

„Was machst du da, Paulchen?"

„Ich warte auf die Haselnüsse, daß sie fallen." Ich fing damals an, französisch zu sprechen, und aus der Angewohnheit des Spanischen heraus wahrscheinlich sprach ich alle Buchstaben geziert.

Ein wenig später schnitzte ich mit einem Messer und fertigte Dolchgriffe ohne den Dolch; ein Haufen kleiner den Erwachsenen unverständlicher Träume. Eine gute alte Frau unserer Bekanntschaft rief bewundernd aus: „Er wird ein großer Bildhauer werden." Leider war diese Frau keine Prophetin.

Ich kam als Externer in ein Orleaner Pensionat. Sagte der Lehrer: Dieses Kind wird ein Trottel oder ein genialer Mann. Ich bin weder das eine, noch das andere geworden.

Eines Tages kam ich mit bunten Glasmurmeln heim.
Wütend fragte mich meine Mutter, wo ich die Murmeln
her hätte. Ich senkte den Kopf und erwiderte, sie gegen
meinen Gummiball eingetauscht zu haben.
„Wie? Du, als mein Sohn, machst Geschäfte?“
Dieses Wort „Geschäfte“ nahm in den Gedanken meiner
Mutter einen verächtlichen Klang an. Arme Mutter!
Sie hatte unrecht und recht in dem Sinne, daß ich schon
als Kind erriet, daß es eine Menge Dinge gibt, die man
nicht verkauft.

Mit elf Jahren kam ich auf das kleine Seminar, wo ich
sehr rasche Fortschritte machte.

Im Mercure lese ich die Urteile einiger Literaten über
diese Seminarerziehung, die sie später sich abzugewöhnen
hatten.

Ich will nicht wie Henri de Régnier behaupten, daß
diese Erziehung meine geistige Entwicklung in nichts
förderte. Im Gegenteil hat sie mir, glaube ich, recht
gut getan.

Im übrigen meine ich, dort von Kind an gelernt zu
haben, die Scheinheiligkeit, die falschen Tugenden, die
Angeberei (semper tres) zu hassen, und mich vor allem
zu hüten, was meinen Instinkten, meiner Seele und meinem Verstand entgegen war. Dort auch erlernte ich ein
wenig von jenem Geist Escobar's, der wahrlich eine
nicht zu verachtende Kraft im Kampfe gibt. Ich ge-
wöhnte mich dort daran, mich auf mich selbst zu konzentrieren, ohn' Unterlaß das Spiel meiner Lehrer beob-

achtend, mein Spielzeug selbst zu fertigen und auch mein
Leid mit all der Verantwortung, die es bringt.
Aber das ist ein Sonderfall und ich glaube, der Versuch
ist im allgemeinen gefährlich.

Vor einiger Zeit hielt ein Jüngling, Herr Rouart, in
Belgien eine Konferenz ab. Ich habe es gern, wenn die
Jugend, auf die Gefahr hin sich zu irren, mit bester
Absicht ein Besseres zu finden sucht, ihre Ansichten
festigt.
Er sprach geläufig, ohne etwas zu beweisen in dem Sinne,
daß das geistige Leben des Künstlers oder sonst eines sich
nur durch die so verschiedenen Bedürfnisse regelt, die es
in jeder Epoche gibt. Und glaubte ich in solchem Fall
an den Wert des Wortes, so hielte ich einen Vortrag, der
sich an die Nichtkünstler wendete und ihnen sagte: „Gebt
den Künstlern zu leben.“
Aber mit welchem Recht dem Nachbarn sagen: „Gib
mir zu leben.“ Man muß sich darein finden, daß es
reich und arm gibt. Nun sehe ich seit mehr als dreißig
Jahren allerhand Bemühungen von allerhand Gruppen
und Gesellschaften und sah niemals, daß etwas anderes
als die persönliche Bemühung von Wert war.
Was soll man über diesen außerordentlichen Humbug
sagen — den champ de Mars.
Während der Weltausstellung von 1889 gingen die großen
Tiere der Beaux-Arts häufig in das dem Café Volpini
gegenüberliegende Café, um sich zu erfrischen. Auf mein

Anstiften hin waren die Wände des Cafés mit Bildern einer
kleinen Gruppe, der ich zugehörte, geschmückt.
Hier schlug sich der größte aller Maler, Meissonier, an
den Kopf und sagte:
„Meine Herren, es ist hohe Zeit, freie und freiheitlie-
bende Maler zu werden. Verlassen wir diesen elenden
Kasten mit seinen Jurys, Medaillen und Prämien wie
auf der Schule. Keine Medaillen mehr, nun wir sie alle
haben. Wir müssen das Zentrum unserer Kundschaft
vergrößern und deshalb ausländischen Künstlern eine
große Beteiligung einräumen. Für uns die Dollars."
Es wurde eine glänzende Gesellschaft.
Norwegen, Schweden, Amerika, die Paulsen, Henrysen,
Harisson, alle Mittelmäßigkeit, kurz, eine reine Invasion
von Impressionisten, Synthetisten, Liberalisten, Symbolisten. Freiheit, Gleichheit, Brüderlichkeit. Jeder bekam
einen Platz zugewiesen. Man glaubte an eine Renaissance.
Die Puvis de Chavannes, die Carrière, die Cazins, einige
andre. Zwischendurch die Carolus, die Besnards, die
Frappats! Alle wurden Mitglieder und riefen aus: „Platz
für die Jugend, aber keine Medaillen mehr für sie."
Es war sehr schlau, und die Einnahmen stiegen außerordentlich.
Herr Rouart war, wenn ich ihn recht verstanden habe,
mit einer Sache, die gegen seinen Willen in seiner Rede
durchbrach, beschäftigt: Die Verteidigung der Bour-
geoisie. Wozu das?

Verteidigt Drumont den Katholizismus dadurch, daß er die Juden angreift?

Sehen Sie, ich glaube, daß wir alle Arbeiter sind. Die einen proletarisieren sich, die andern adeln sich.

Vor uns allen liegt Amboß und Hammer. Schmieden wir!

RUNDFRAGE über den deutschen Einfluß. Viele Antworten, die ich mit Interesse lese. Und plötzlich fange ich an zu lachen. Brunetière.

Wie? Die „Revue du Mercure" wagte es, sich an die „Revue des deux Mondes" zu wenden, sie zu fragen.

Brunetière, der so lange zum Nachdenken braucht, daß er noch nicht weiß, von wem er sein Standbild machen lassen wird.

Rodin. Vielleicht!! Aber sein Balzac war so wenig gelungen und seine Bürger von Calais . . . so wenig geschickt.

Und er sagt: „Heutzutage redet jeder über alles, ohne etwas gelernt zu haben."

Mir scheint, daß jeder im Mercure sein Fett abkriegt.

Armer Rodin und Bartholomé, die meinten, die Bildhauerei erlernt zu haben.

Armer Remy de Gourmont, der meinte, ein wenig von Literatur zu verstehen.

Und wir armes Publikum, das meinte, es gäbe noch andere Künstler als Herrn Brunetière.

Offensichtlich verneigt sich die Menge vor dem, der mit den meisten Reliquien beladen ist, aber wenn ich der Sage glaube, sind die Reliquien oft zu schwer und man ertrinkt.

Glücklicherweise hat man mich nicht befragt, denn ich, der ich nichts gelernt habe, wäre ganz unbescheiden zu antworten versucht gewesen, daß Corot und Mallarmé recht französisch seien. Ich würde dann heute erstaunlich schlecht gemacht.

Ich bin kein Gelehrter, aber ich glaube, daß es Gelehrte gibt, und glaube auch, daß eines Tages ein Gelehrter das genaue Gewichtsverteilungsprinzip zwischen Genie und Talent entdecken wird. Im Augenblick, deucht mich, steigt das Talent desto höher, je tiefer das Genie sinkt.

Ich werde es wie Herr Brunetière machen, ich werde nachdenken, so lange nachdenken, daß ich keinen Pinsel mehr anzufassen, noch was es auch sei hinzuschreiben wage. Man muß vorsichtig sein.
Behaltet den Hut auf, sonst fliegt das Genie fort.

HIER in Atuana auf den Marquesas wird es ganz dunkel vor meinen Fenstern, die Tänze haben aufgehört, die süßen Lieder sind verhallt. Aber es ist kein Schweigen. Die Winde schütteln im Crescendo die Äste, der große Tanz beginnt, der Cyklon tobt. Der Olymp spielt mit, Jupiter sendet uns all seine Blitze, die Titanen türmen die Felsen, der Fluß tritt aus seinen Ufern.

Riesige Brotbäume werden entwurzelt, die Kokospalmen
biegen ihre Stämme und ihre Krone fegt die Erde, alles
flieht, Felsen, Bäume, Kadaver, fortgerissen zum Meer.
Erschütternde Orgie der empörten Götter.

Die Sonne scheint wieder, wieder heben die hochmütigen
Palmen ihren Helmbusch, so auch der Mensch. Die
großen Schmerzen sind vorbei, die Freude kam zurück,
die Mutter lächelt dem Kinde.

Die Wirklichkeit von gestern wird zur Fabel und man
vergißt sie.

Aber es ist an der Zeit, mit all diesem Geschwätz Schluß
zu machen. Der Leser wird ungeduldig und so will ich
denn schließen, nicht ohne an den Schluß ein kleines
Vorwort zu setzen.

Ich meine (im Gegensatz zu Brunetière), daß man heute
viel zu viel schreibt. Verständigen wir uns hierüber.

Viele, viele können schreiben. Das ist unbestreitbar. Aber
sehr wenige, außerordentlich wenige ahnen, was die
literarische Kunst bedeutet, die eine sehr schwierige
Kunst ist.

Dasselbe gilt für die plastische Kunst, und doch betreibt
sie jedermann.

Indessen hat jeder die Pflicht, zu versuchen und zu
üben.

Denn neben der Kunst, der ganz reinen Kunst, gibt es in
Anbetracht des reichen menschlichen Geistes und all seiner
Eigenschaften viel zu sagen, und man muß es sagen.

Dies ist mein ganzes Vorwort.

Ich wollte kein Buch schreiben, das irgendwie nur den geringsten Anspruch darauf machte, ein Kunstwerk zu sein. (Ich könnte es nicht.) Aber als Mensch, der über viele Dinge, die er in aller Welt, der zivilisierten und der barbarischen Welt sah, hörte und las, unterrichtet ist, wollte ich in aller Ungeschminktheit, ohne Furcht und ohne Scham ... alles dies schreiben.
Das ist mein Recht. Und die Kritik wird nicht verhindern können, daß dem so ist, selbst wenn es gemein ist.

Marquesas, Atuana, Januar, Februar 1903

ENDE